월드컵 대비 척척박사 실전 영어회화

상업 실무 영어

권 영 도 (영어학 박사) 지음

太乙出版社

머리말

　우리 나라는 86년 아시아 게임과 88년 올림픽을 비롯하여 엑스포와 동계올림픽 등 세계적인 큰 행사를 성공적으로 치루었으며, 부산 아시안 게임과 2002년 월드컵 개최를 앞두고 있는 등 실로 이제는 당당한 국제무대의 일원으로서 각광을 받고 있다.

　지난 큰 행사에 전세계 참가국의 수많은 선수와 임원진 그리고 응원단과 관광객 등이 우리 나라를 다녀가면서 많은 우리의 상품을 구입해 갔다. 앞으로는 보다 많은 관광객이 올 것으로 예상되는데 그 첫 번째 이유는 사상 최대의 축제가 될 2002년 월드컵을 앞두고 지난 3월 28일에 있었던 우리 나라의 국가 대표팀과 세계 최강의 브라질 축구팀과의 게임에서 사상 처음으로 쾌승함으로써 한국의 축구가 전 세계를 깜짝 놀라게 했기 때문이다. 두 번째 이유는 2002년 월드컵이 우리 나라와 일본의 공동개최라는 특수성 때문이며, 세 번째 이유는 우리 민족의 명산인 금강산 관광에 더 많은 외국인들이 찾아 올 것으로 예상되기 때문이다.

　찾아오는 관광객이 많으면 많을수록 그 만큼 소비도 활발해질 것이다. 그러나 많은 관광객에게 상품을 소개하고, 보다 많이 팔 수 있는 일은 그리 쉬운 일이 아니기 때문에 이에 대비하여 지금부터 철저히 준비해 나갈 필요가 있다.

　각 점포에서 외국인을 맞아 원만한 대화를 하는 것은 하루아침에 되는 것이 아니므로 기초부터 꾸준히 익혀야 한다.

　본 점포 영어는 저자의 오랜 세월의 경험을 바탕으로 만들어졌으며, 외국인이 주로 찾는 국내의 모든 상점에서 어떤 상황에도 도움이 되도록 비즈니스 생활영어로 엮어져 있기 때문에 초보자를 비롯해서 영어를 사랑하는 모든 분들이 사랑하는 마음으로 늘 함께 한다면 반드시 좋은 결과를 얻을 수 있을 것이다.

차 례

양화점 (1)   1. A Korean product will do. 18
　　　　　　　한국 산으로도 됩니다.

양화점 (2)   2. I'll bring you some to try on. 20
　　　　　　　신어 보시도록 몇 켤레 가져오겠습니다.

양화점 (3)   3. How do you like this pair made of synthetic 22
　　　　　　　Leather? / 인조 가죽으로 만든 이 구두는 어떻습니까?

양화점 (4)   4. Do you want these old shoes resoled? 24
　　　　　　　이 헌 구두의 창을 새로 대시겠습니까?

　　Key Words 26
　　Useful Expressions 27

옷가게 (1)   5. I've been told you have a good selection. 28
　　　　　　　여기 물건이 좋다고 해서 왔습니다.

옷가게 (2)   6. I like my dress something fairly loose-fitting. 30
　　　　　　　나는 옷이 좀 헐렁해야 좋습니다.

옷가게 (3)   7. Would you give me better prices? 32
　　　　　　　값을 좀 잘 해 주시지 않으시겠습니까?

옷가게 (4)   8. You do care how you dress, don't you? 34
　　　　　　　정말 옷차림에 신경을 많이 쓰시는군요.

　　Key Words 36
　　Useful Expressions 37

액세서리 도매점 (1)   9. Can I have a price list of covering the 38
　　　　　　　whole line of accessories here?
　　　　　　　여기에 있는 액세서리 전 종류를 포함하는 가격표 한 장
　　　　　　　얻을 수 있습니까?

액세서리 도매점 (2)	10. Would you like to do business with us? ...... 40 저희와 거래해 보고 싶으십니까?
액세서리 도매점 (3)	11. I've made a list of what I'm likely to want. ...... 42 쓸만한 것들을 적어 보았습니다.
액세서리 도매점 (4)	12. If we give you 15% discount, we'll lose .... 44 money. / 만일 15%를 감해 드리면 밑집니다.
액세서리 도매점 (5)	13. This one costs only half the amount. .... 46 이것은 그 반액밖에 안 됩니다.
액세서리 소매점	14. This will match the color. .... 48 이것이 그 색에 어울리겠습니다.

Useful Expressions 50

가방점에서 (1)	15. It closes all the way around with a ziper. .... 52 전체 둘레를 모두 자크로 채웁니다.
가방점에서 (2)	16. That should be large-sized one, I suppose. .... 54 큰 사이즈라야 하겠지요.
가방점에서 (3)	17. We have the same bag in a few other .... 56 colors. / 같은 가방으로 다른 색깔도 두세 가지 있습니다.
가방점에서 (4)	18. Our store has a great assortment of handbag. .... 58 저희 가게에는 핸드백의 구색이 잘 갖추어져 있습니다.
가방점에서 (5)	19. I want to have my name engraved in case. ...... 60 만일의 경우를 생각해서 이름을 새기고 싶습니다.

Useful Expressions 62

완구점에서 (1)	20. I want to buy a Korean doll. .... 64 한국인형을 하나 사고 싶습니다.
완구점에서 (2)	21. I want a toy skin diver. .... 66 장난감 잠수부를 원합니다.

| 완구점에서 (3) | 22. We've the line you described. 68
손님이 설명하신 종류도 있습니다.

| 완구점에서 (4) | 23. I would recommend a rattle. 70
딸랑이를 권하고 싶습니다.

Key Words 72

| 세 들어 살 아파트 (1) | 24. I'm looking for an apartment house to rent. 74
세 들어 살 아파트를 찾고 있습니다.

| 세 들어 살 아파트 (2) | 25. Ask him what the conditions for renting are. 76
세 드는 조건은 어떻게 되는지 물어보세요.

| 부동산에서 (1) | 26. It doesn't matter if the owner asks for 78
key money in advance.
주인이 보증금을 미리 받아도 상관없습니다.

| 부동산에서 (2) | 27. I wonder if the owner will like the 80
idea of forgoing key money.
집주인이 보증금 없이 세 드는 것을 안 좋아하지 않을까요?

| 공항 종합점에서 (1) | 28. Can I have a list of hotels, a list of rates 82
and a map of the city?
호텔 명단과 숙박 요금표 그리고 도시지도 한 장 얻을 수 있습니까?

| 공항 종합점에서 (2) | 29. If you have any vacancies. 84
그 호텔에 빈방이 있는지 없는지.

| 호텔에서의 투숙 절차 (1) | 30. I have reserved under the name of 86
Ki-soo Kim. / 김기수란 이름으로 예약이 되어 있습니다.

| 호텔에서의 투숙 절차 (2) | 31. Does the room command a fine view? 88
그 방은 전망이 좋습니까?

| 전화로 예약하다 | 32. Do you have a room commanding 90
a fine view? / 전망이 좋은 방이 있습니까?

Key Words 92

| 이발 (1) | 33. I'll take you to a nearby barbershop. 94
가까운 이발소에 모시고 가겠습니다.

| 이발 (2) | 34. I'll have it cut a little short. 96
조금 짧게 깎아 주세요.

| 이발 (3) | 35. Do you part your hair on the left or 98
on the right? / 어느 쪽으로 머리를 가르십니까?

| 이발 (4) | 36. Please come and get a massage. 100
마사지 받으러 오십시오.

| 이발 (5) | 37. How much do you charge for a shampoo? 102
머리 감는데 요금이 얼마입니까?

Key Words & Expressions 104

| 미장원에서 (1) | 38. I just had a shampoo at home. 106
방금 집에서 머리를 감고 왔습니다.

| 미장원에서 (2) | 39. They say I have an unerring eye. 108
사람들은 제 눈이 정확하다고 합니다.

| 미장원에서 (3) | 40. You've done an excellent job. 110
마음에 쏙 들게 참 잘했습니다.

| 미장원에서 (4) | 41. Is there a place open? 112
자리 난 것이 있습니까?

| 미장원에서 (5) | 42. Our place is unexpectedly crowded today. 114
저희 집에 오늘 예상외로 손님이 많이 오셨습니다.

| 약국에서 (1) | 43. My eyes are fatigued. 116
눈이 피곤합니다.

| 약국에서 (2) | 44. I have a bad cold. 118
독감에 걸렸습니다.

| 약국에서 (3) | 45. Let her try this vitamin E. 120
비타민 E를 드시도록 하세요.

11

Key Words 122

보석상에서 (1) 46. I'll show you what we have. 124
저희 물건을 보여 드리겠습니다.

보석상에서 (2) 47. I can't spot the difference. 126
다른 점을 발견할 수 없습니다.

보석상에서 (3) 48. Don't you think it's very attractive? 128
근사하지 않습니까?

보석상에서 (4) 49. Please take it on your way to Korea. 130
한국에 오신 김에 구입해 가십시오.

Key Words 132

선물가게에서 (1) 50. What's this called? 134
이거 뭐라고 하는 거지요?

선물가게에서 (2) 51. Where do you want us to send it? 136
어디로 보내 드릴까요?

선물가게에서 (3) 52. Here's one that very popular. 138
대단히 인기 있는 것이 있습니다.

선물가게에서 (4) 53. Please pick out what you like. 140
마음에 드는 것을 고르세요.

골동품 상점에서 (1) 54. How much do you charge for packing 142
and sending? / 포장해서 보내는데 얼마 받습니까?

골동품 상점에서 (2) 55. That depends on visitors. 144
손님에 달려있습니다.

골동품 상점에서 (3) 56. Casting greedy eyes on it. 146
모두 탐을 냅니다.

골동품 상점에서 (4) 57. Do you allow any discount on cash? 148
현금내면 할인이 됩니까?

| 꽃가게에서 (1) | 58. I'd like a basket of assorted flowers. 150
구색을 갖춘 꽃바구니을 원합니다. |
| 꽃가게에서 (2) | 59. What's this full-blown flower? 152
이 활짝 핀 꽃은 무엇입니까? |
| 꽃가게에서 (3) | 60. I want some roses. 154
장미가 좀 필요합니다. |
| 꽃가게에서 (4) | 61. Because roses have such gorgeous colors. 156
장미의 색깔이 화사하기 때문입니다. |

Key Words 158

| 빵집에서 (1) | 62. I want a white loaf. 160
흰 빵 한 덩어리 주세요. |
| 빵집에서 (2) | 63. I want two loaves of high-protein bread. 162
고단백 빵 두 덩어리 주세요. |
| 빵집에서 (3) | 64. I'll put them in a paper bag. 164
그것들을 봉지에 넣어 드리겠습니다. |
| 빵집에서 (4) | 65. The paper bag shows. 166
봉지에 적혀 있습니다. |
| 빵집에서 (5) | 66. Do you carry any bread specially 168
enriched with vitamins?
특별히 비타민이 많이 들어간 빵이 있습니까? |
| 빵집에서 (6) | 67. I want a birthday cake. 170
생일 케이크를 주세요. |

Key Words 172

| 시계점에서 (1) | 68. My watch doesn't run. 174
나의 시계가 가질 않습니다. |
| 시계점에서 (2) | 69. I want you to change the watch band. ...... 176 |

13

시계 줄도 갈아주세요.

시계점에서 (3)   70. How long does it lose a day? 178
하루에 몇 분이나 늦게 갑니까?

시계점에서 (4)   71. What model is it? 180
어느 회사 제품인가요?

           Key Words 182
           Useful Expressions 183

검육점에서 (1)   72. I want it whole. 184
통째로 주세요.

검육점에서 (2)   73. I hope it's a fresh supply. 186
새로 들어온 고기면 좋겠는데요.

검육점에서 (3)   74. I'm afraid the price has gone up a little. 188
어쩌지요, 값이 조금 올랐습니다.

정육점에서 (4)   75. Very good for making hamburgers. 190
햄버거 만드는데 대단히 좋습니다.

정육점에서 (5)   76. I want it tender. 192
연한 것으로 주세요.

           Key Words & Expressions 194

모자점에서 (1)   77. I think I'll start wearing a cap. 196
모자를 쓰기 시작할 생각입니다.

모자점에서 (2)   78. The price tag shows its price. 198
꼬리표에 가격이 표시되어 있습니다.

모자점에서 (3)   79. I want a narrow brim. 200
좁은 테로 주세요.

모자점에서 (4)   80. I want wearing a cap. 202
챙이 있는 모자로 주세요.

모자점에서 (5)	81. Show me both kinds. 204
	양쪽 다 보여주세요.

Key Words 206

안경점에서 (1)	82. They make you look distinguished. 208
	안경 때문에 품위 있어 보입니다.
안경점에서 (2)	83. It runs in my family. 210
	유전입니다.
안경점에서 (3)	84. Now I don't mind at all. 212
	지금은 아무렇지도 않습니다.
안경점에서 (4)	85. Is permanent one more expensive? 214
	영구적인 것이 더 비쌉니까?
안경점에서 (5)	86. What's the price of steady wear? 216
	지속적인 렌즈는 얼마입니까?
안경점에서 (6)	87. Please talk up our goods [optician]. 218
	저희 상품[가게]를 선전해 주십시오.
안경점에서 (7)	88. I want to have a pair of glasses on order. 220
	안경을 맞추고 싶습니다.
안경점에서 (8)	89. How soon do you need it? 222
	언제까지 필요하십니까?

Key Words 224

과일가게에서 (1)	90. After all, Taegu apples come first. 226
	뭐니뭐니 해도 대구 사과가 으뜸이지요.
과일가게에서 (2)	91. I want to get some Cheju tangerines. 228
	제주산 귤도 좀 주세요.
과일가게에서 (3)	92. We're supposed to lay in a fresh stock .... 230 on friday. / 저희는 금요일에 새 물건을 들여놓습니다.

| 과일가게에서 (4) | 93. Where did these come from? .... 232 |
| 이것들은 어디산입니까? |
| 과일가게에서 (5) | 94. Fifty-fifty, please. .... 234 |
| 반 반으로 주세요. |

Key Words 236

| 야채가게에서 (1) | 95. I'm going to make as much salad as I cam. ... 238 |
| 가능한 한 많은 샐러드를 만들 예정입니다. |
| 야채가게에서 (2) | 96. I want some fresh vegetables for salad. ... 240 |
| 샐러드용 싱싱한 야채를 사고 싶습니다. |
| 야채가게에서 (3) | 97. They must be ripe and sweet. .... 242 |
| 익어서 달아야 합니다. |
| 야채가게에서 (4) | 98. I can assure you they're sweet. .... 244 |
| 맛을 책임지겠습니다. |
| 야채가게에서 (5) | 99. We've got a good supply of fresh .... 246 |
| melons now. / 지금 싱싱한 참외가 많습니다. |

Key Words 248

| 생선가게에서 (1) | 100. I'm going to get some raw fish stuff. ...... 250 |
| 횟감을 좀 살 예정입니다. |
| 생선가게에서 (2) | 101. This is where you can get fish at a .... 252 |
| retail or whole sale price. |
| 여기가 생선을 도·소매 값으로 살 수 있는 곳입니다. |
| 생선가게에서 (3) | 102. I'd be glad to patronize. .... 254 |
| 단골이 되어 드리겠습니다. |
| 생선가게에서 (4) | 103. They were caught only this morning. ...... 256 |
| 오늘 아침에 막 잡았습니다. |
| 생선가게에서 (5) | 104. Do you know how to slice raw fish? ...... 258 |

회를 치실 줄 아십니까?

생선가게에서 (6) 105. Acquire the taste for raw fish. 260
회 맛을 익혔습니다.

생선가게에서 (7) 106. It still has scales. 262
비늘은 아직 그대로 있군요.

가구점에서 (1) 107. I want to fit up our living room 264
with furniture. / 거실에 가구를 들여놓고 싶습니다.

가구점에서 (2) 108. What would you suggest I put in there? 266
거기엔 무엇을 갖다 놓으면 좋을까요?

가구점에서 (3) 109. I would recommend you to fit it up 268
with simple furnishings.
식당엔 간단한 가구로 하시도록 권하고 싶습니다.

가구점에서 (4) 110. I want one that doesn't take up 270
much room. / 장소를 많이 차지하지 않는 것이 필요합니다.

가구점에서 (5) 111. Thank you for giving me quality 272
goods at a reasonable price.
적당한 가격에 좋은 상품을 주셔서 감사합니다.

문방구점에서 (1) 112. I'm going to the stationery. 274
문방구에 가려고 해요.

문방구점에서 (2) 113. I want an artist's brush if you can 276
afford it. / 돈이 되면 화필 하나 사 오세요.

문방구점에서 (3) 114. Here's a list of all items I want. 278
필요로 하는 물건의 리스트가 있습니다.

문방구점에서 (4) 115. What do you need the ink for? 280
잉크를 어디에 쓰시려구요?

문방구점에서 (5) 116. I also want a writing brush. 282
붓도 필요합니다.

17

Situation 1 — At a shoe store (1)

A Korean product will do.

A Come right in, please.
   You're very welcome to our store.

B I want to buy a pair of tennis shoes.
   Do you have any shoes like these?

A What size?

B Size 7-8.

A What color?

B White.

A Do you want an imported brand, or will a local product do?

B A Korean product will do.

A I'm sure you'll find these shoes very comfortable.

B Let me try them on. Hm!
   They're very comfortable. I'll take them.

양화점 (1)

한국 산으로도 됩니다.

A 어서 오십시오. 저희 상점에 오신 것을 대단히 환영합니다.

B 테니스 화를 한 켤레 사고 싶습니다.
이와 같은 신이 있습니까?

A 치수가 얼마입니까?

B 7-8입니다.

A 무슨 색으로 드릴까요?

B 흰색입니다.

A 수입품을 원하시는 지요, 또는 국산품도 돼시는지요?

B 한국 산으로도 됩니다.

A 이걸 쓰시면 정말 편하실 겁니다.

B 신어 봅시다. 음—.
아주 편하군요. 이걸 사겠습니다.

Words & Phrases

pair [pɛər] 한 쌍, 한 벌, 한 개
imported brand 수입된 특정상품
local product [loukəl prádʌkt] 국산품 = home product
comfortable [kʌ́mfərtəbl] 기분이 좋은, 마음이 편한, 안락한

Situation 2

At a shoe store (2)

I'll bring you some to try on.

A Good afternoon, sir. Can I help you?

B Yes, I want to buy a pair of black shoes like these.

A Would you sit down on the sofa?
I'll bring you some to try on.
Would you try one on?

B A little tight. Let me try the next size.

A Please try this pair. It's the next size.

B Hm! This pair is my size.

A Is it comfortable?

B Yes. This pair seems comfortable. I'll take this pair. How much?

A Fifty dollars, sir.

B All right.

A Thank you, sir.

양화점 (2)

신어 보시도록 몇 켤레 가져오겠습니다.

A 안녕하세요, 손님. 도와드릴까요?
B 네, 이와 같은 검은 구두 한 켤레 사고 싶습니다.
A 소파에 좀 앉으실래요?
  신어보시도록 몇 켤레 가져오겠습니다.
  신어 보실래요?
B 조금 끼네요. 다음 문수로 신어 보도록 하지요.
A 이 구두를 신어 보시지요. 다음 치수입니다.
B 음―, 이 구두가 맞습니다.
A 편하십니까?
B 네, 편한 것 같아요. 이걸로 사지요. 얼마입니까?
A 50달러입니다.
B 좋습니다.
A 감사합니다.

Words & Phrases

try on 시험해 보다, 입어보다, 신어보다, 가봉하다
tight [tait] (옷·구두 등이) 꼭 끼는, 째는, 단단한, 빈틈없는
try the next size 다음 치수, 다음 문수
seem [si:m] …인 듯하다, …처럼 보이다, 보기에 …하다

Situation 3

At a shoe store (3)

How do you like this pair made of synthetic Leather?

A   Step right in, ma'am. Can I help you?

B   Yes, Do you have any shoes like these?

A   What size shoes do you wear, ma'am?

B   Size 6-D.

A   What color shoes do you want?

B   Indigo.

A   How do you like this pair made of synthetic leather?

These shoes are in fashion now.

B   It looks very nice. I'll take a pair.

양화점 (3)

인조 가죽으로 만든 이 구두는 어떻습니까?

A 어서 오십시오, 손님. 도와드릴까요?

B 네, 이와 같은 구두가 있습니까?

A 어떤 치수의 구두를 신으십니까?

B 6-D입니다.

A 무슨 색깔의 구두를 원하십니까?

B 남색입니다.

A 인조 가죽으로 만든 이 구두는 어떻습니까?
  이 구두가 지금 유행입니다.

B 그것 참 좋은 것 같은데요. 한 켤레 사겠습니다.

Words & Phrases

wear [wɛər] 입고 [신고, 쓰고, 끼고] 있다, 띠고 [휴대하고] 있다
indigo [índigòu] 남색, 쪽빛, 남색염료
synthetic [sinθétik] 종합의, 합성의, 인조의
leather [léðər] 가죽
fashion [fǽʃən] 유행의, 유행형

Situation 4

At a shoe store (4)

Do you want these old shoes resoled?

B Do you also undertake repairs?

A Yes, we do. Do you want these old shoes resoled?

B Yes. Shoe soles are worn-out.
   I don't see any repair machine here.

A You see, we send all repair work to our factory and it takes a little time.

B I see. Well, that's all right. How long will it take?

A It'll take about a week.

B How much will you charge me?

A 5 dollars, sir.

B All right. Shall I pay you now?

A No, sir. Please pay us when the shoes are ready.

B Can I leave the pair with you?

A Yes, sir. Please leave them with us.

양화점 (4)

이 헌 구두의 창을 새로 대시겠습니까?

B 구두 수선 일도 맡으십니까?
A 네, 그렇습니다. 이 헌 신의 창을 새로 대시겠습니까?
B 네, 구두창이 나갔습니다. 여기에 수리 기계가 안 보이는군요.
A 다름이 아니라 수선해야 될 것들은 모두 공장에 보내서 수선하기 때문에 시간이 좀 걸립니다.
B 알겠습니다. 그럼 좋습니다. 얼마나 걸릴까요?
A 일주일쯤 걸리겠습니다.
B 수리비는 얼마입니까?
A 5달러입니다.
B 좋습니다. 지금 드릴까요?
A 아닙니다. 손님. 구두수리가 다 되면 지불하십시오.
B 맡겨놓고 갈까요?
A 네, 손님. 저희한테 맡겨 주십시오.

Words & Phrases
undertake [ʌndərtéik] 일·책임 등을 맡다, 떠맡다, 책임 맡다
repair [ripέər] 수선, 수리, 손질
resole [ri:sóul] 구두창을 갈아대다
shoe soles [ʃú: soul] 구두 밑창
worn-out [wɔ́ərnáut] 낡은, 닳아빠진, 지쳐빠진, 진부한

Key Words

ready-made shoes : 기성화
custom(-made) shoes : 맞춤화
high-heeled shoes : 굽 높은 구두
low-heeled shoes : 굽 낮은 구두
shoes : 구두, 반장화   rain shoes : 우화
boots : 장화《미》   high boots : 장화《영》
rubber-soled shoes : 고무창의 구두
shoelaces, shoestrings : 구두끈
insteps of shoes : 구두의 등   shoe peg : 구두징
walkers : 보행용 구두, 산책용 구두
sandals : 샌들   rubber shoes : 고무신
straw sandals : 짚신   slippers : 슬리퍼
wooden shoes. clogs : 나막신   baby shoes : 아기신발
skates : 스케이트화   dress shoe : 예식용 구두
mountain-climbing boots : 등산화
heels of shoes : 구두[신]의 뒤꿈치
shoeblack : 《영》구두 닦기, 《사람》
heels wear out : 뒤꿈치가 닳다
shoe-buckle : 구두의 죔쇠   snowshoe : 눈신, 설상화
shoehorn : 구둣주걱   soles wear out : 밑창이 닳다
shoe leather : 구두 가죽, 《속》집합적으로 구두
shoeless : 구두가 없는, 구두를 신지 않은
shoemaker : 구둣방, 구두 고치는 사람, 제화업자, 《속》엉터리기술자
shoemaking : 구두 만들기 (고치기)
shoe store : 《미》양화점   shoe shop : 《영》양화점
shoe polish : 구두약

Useful Expressions

1. Please this try pair on to see if they're the right size.
   이 구두가 맞는지 신어 보세요.
2. Can I try the next larger size? 다음 큰 치수를 신어 볼까요?
3. I think these are my size. 이것들이 맞는 것 같습니다.
4. I'd like another style. 다른 모양을 원합니다.
5. Another style? Next size? 다른 모양요? 다음 문수요?
6. [Sizes / Styles] do vary. [문수가 / 모양이] 다양합니다.
7. How about this pair? 이 구두는 어떠신가요?
8. I don't think. I like them. 마음에 안 드네요.
9. Will this pair do? 이 구두면 되시겠습니까?
10. Yes, these will do. 네, 이 구두면 되겠네요.
11. I'm looking for a pair of black shoes.
    검정 구두를 찾고 있습니다.
12. Please take a look what we have.
    어떤 것들이 있는지 한 번 훑어보시지요.
13. Let me see what you have.
    어떤 것들이 있는지 한 번 구경해 볼까요.
14. Prices do vary. 가격은 다양합니다.
15. Prices range from 10 dollars to 100 dollars. (depending on the shoes)
    가격은 10 달러에서 100 달러까지 있습니다. (구두에 따라서)
16. Can you get a pair for me, please?
    한 켤레 구해 주시겠습니까?
17. I'm afraid I can't. They make no more.
    어렵습니다. 더 이상 만들지 않습니다.
18. It's now in fashion. 지금 한창 유행입니다.
19. It's now out of fashion. 벌써 유행에 뒤떨어집니다.

Situation 5

At a clothing store (1)

I've been told you have a good selection.

A Good afternoon, ma'am. Can I help you?

B Yes. I want a dress.

A We have a good selection, and our prices are reasonable.

B I've been told you have a good selection.

A Do you like this dress, ma'am?

B I like the color very much, but it must be my size. It doesn't suit me.
The pink dress is prettier.

A This is the largest dress in the shop, ma'am. You look very nice in that dress.

B Oh, really? Do I look nice?

A More than nice, ma'am.

B Thank you. I'll take this one.

옷가게 (1)

여기 물건이 좋다고 해서 왔습니다.

A 안녕하세요, 부인. 도와드릴까요?

B 드레스를 사려구요.

A 물건도 좋고 값도 적당합니다.

B 여기 물건이 좋다고 해서 왔습니다.

A 부인이 옷은 마음에 드십니까?

B 색깔은 퍽 마음에 들지만 맞아야 하는데요.
옷이 맞지 않아요. 그 핑크색 옷이 더 예쁘군요.

A 저희 상점에서 제일 큰 옷입니다. 부인.
그 걸 입으시니까 멋있게 어울리시네요.

B 아, 그래요. 괜찮아 보입니까?

A 괜찮은 정도가 아닙니다. 부인.

B 고마워요. 이 옷으로 사겠습니다.

Words & Phrases

selection [silékʃən] 선택물, 발췌, 선발한 것[사람], 선발, 정선, 신중한 선택
reasonable [rí:zənəbl] 적당한, 과하지 않은, 합당한, 도리에 맞는, 사리를 아는
suit [suːt] …에 잘 맞다, [의복동이] 어울리다, …의 마음에 들다

Situation 6

At a clothing store (2)

I like my dress something fairly loose-fitting.

A   Step right in, ma'am. Can I help you?

B   Yes, I'm looking for a dress.

A   How about this one?

B   I don't like the color. Could you show me another?

A   Yes, ma'am. What about this one?

B   It's a lovely dress but it must be my size.

A   It fools soft to the touch, doesn't it?

B   Yes, it does.

A   Please look at your self in the glass.
    Don't you think it's very smart and attractive?
    You look very nice in it.
    It looks very good on you.

B   Thank you.
    I like my dress something fairly loose-fitting.

옷가게 (2)

나는 옷이 좀 헐렁해야 좋습니다.

A 어서 오세요, 부인. 도와드릴까요?

B 옷을 찾고 있어요.

A 이것은 어떠신가요?

B 색깔이 마음에 안 드네요. 다른 것을 보여주시겠습니까?

A 네, 손님. 이 옷은 어떻습니까?

B 그 옷 아름답군요. 하지만 맞아야 되는데.

A 감촉은 부드럽지요?

B 네, 그렇군요.

A 거울을 보시지요.
맵시가 있어서 매력적이라고 생각하지 않으십니까?
그렇게 입으시니 근사하네요. 아주 잘 어울리십니다.

B 감사합니다. 나는 옷이 좀 헐렁한 것을 좋아하거든요.

Words & Phrases

lovely [lʌ́vli] 귀여운, 사랑스러운, 아름다운, 멋진, 애교 있는, 순결한
touch [tʌtʃ] 촉감, 접촉, 필치, 솜씨, 마무리, …(하는)식
smart [smɑərt] 맵시 있는, 스마트한, 세련된, 유행의
attractive [ətrǽktiv] 사람의 마음을 끄는, 눈에 뜨이는, 매혹적인
fairly [fέərli] 꽤, 어지간히, 그런대로

Situation 7   At a clothing store (3)

Would you give me better prices?

A   Good evening, ma'am. What can I do for you?

B   Can I see what you have?

A   Yes, ma'am. Please feel free to look.

B   I think you have a good selection.

A   Thank you, ma'am.
    Do you have anything special in mind?

B   Yes, but it's hard to describe.

A   Is this what you're looking for?

B   Yes, it's what I'm looking for.

A   Good thing you've found something you like.

B   Would you give me better prices?

A   I'm afraid I can't. We're selling at a fixed price.

옷가게 (3)

값을 좀 잘 해 주시지 않으시겠습니까?

A 안녕하세요. 무엇을 도와드릴까요?
B 무엇이 있는지 구경할 수 있어요?
A 네, 부인. 마음대로 구경하셔도 좋습니다.
B 물건이 좋은 것 같아요.
A 감사합니다, 부인. 특별한 거라도 찾으십니까?
B 네, 하지만 설명하기가 좀 어렵군요.
A 이것이 찾고 계신 것 아닙니까?
B 네, 그것이 내가 찾고 있는 것입니다.
A 다행히도 마음에 드시는 것을 찾으셨군요.
B 값을 잘해 주시지 않으시겠습니까?
A 유감이지만 잘해 드릴 수 없습니다.
  정가로 팔고 있거든요.

Words & Phrases

have a good selection 좋은 물건을 팔고 [가지고] 있다
hard [haərd] 이해[설명]하기 어려운, 곤란한, 노력을 요하는
describe [diskráib] 〈특징 등을〉 묘사하다, 말로 설명하다, 말하다
sell at a fixed price 정찰 가격으로 팔다
fixed price 고정[정찰]가격, 정가, 공정[협정]가격

Situation 8

At a clothing store (4)

You do care how you dress, don't you?

B I'm looking for something like this.

A Do you want a loose-fitting or tight-fitting or a well-fitting?

B I want a well-fitting one.

A How about this one?

B It's a little loud.

A Do you want a plain one or a figured one?

B A figured one.

A What about this one?

B I don't like the color. It's a little gaudy.

A You do care how you dress, don't you?
   Do you want me to make you a good fit?

B Yes, please.

A You're quite a dresser, ma'am.

옷가게 (4)

정말 옷차림에 신경을 많이 쓰시는군요

B 이와 같은 것을 찾고 있습니다.
A 헐렁한 것, 꼭 끼는 것, 잘 맞는 것 어느 걸 원하십니까?
B 잘 맞는 것을 원합니다.
A 이 옷은 어떻습니까?
B 좀 화려하군요.
A 무늬가 있는 것을 원하십니까? 또는 무늬가 없는 걸 원하십니까?
B 무늬 있는 것을 원합니다.
A 이것은 어떨까요?
B 색깔이 마음에 안 드네요. 조금 칙칙하네요.
A 옷차림에 정말 신경을 많이 쓰시는군요.
   잘 맞도록 하나 지어 드릴까요?
B 네, 부탁해요.
A 옷을 멋지게 입으시는군요, 부인.

Words & Phrases

loud [laud] 색·의복이 화려한, 허식을 부리는(showy), 유난히 눈에 띄는
figure [fígjər] 도형, 그림, 무늬
gaudy [gɔːdi] 화려한, 촌스럽게, 번지르르한, 야한, 저속한, 겉치레의
fit [fit] 몸에 맞는 옷, 적합한, 의복 등의 됨됨이

35

Key Words

costume : 의상
bow tie : 나비넥타이
holiday clothes : 외출복
raincoat : 비옷
braces suspenders : 바지멜빵
aloha shirt : 색이 화려한 남방셔츠
dinner jacket : 남자용 약식 야회복
dresser : 옷 입히는 사람, 극장의 의상 담당자, 멋쟁이
dress goods : 여성, 아동용 옷감
dressing : 직물의 끝손질, 몸단장, 옷 입기, 의복, 의상
dressmaker : 양재사, 양장점
dress suit : 남자용 예복, 야회복
dress tie : 예복용 넥타이
evening dress, dress suit : 야회복
flared skirt : 플레어 한 스커트
gathered skirt : 주름을 잡은 스커트
maternity dress : 임부용 웃옷, 임신복
night dress = night gown : 잠 옷
swallow-tailed coat : 연미복
sports shirts : 스포츠 셔츠
animal fiber : 섬유
vegetable fiber : 식물 섬유
mixed spinning : 혼방
nylon : 나일론
cotton : 무명
acetate rayon : 아세테이트, 초산인조견사

collar button : 칼라단추
business suit : 신사복
dress coat : 연미복
underwear : 내복

artificial silk : 인견
chemical fiber : 화학섬유
natural fiber : 천연섬유
synthetic fiber : 합성섬유
waterproof cloth : 방수용 천

Useful Expressions

1. Anything else? 그밖에 필요한 것은 없으신가요?
2. I'm afraid I haven't got a dress like this.
   아무래도 이런 옷은 없는 것 같은데요.
3. It's new style. 최신형입니다.
4. It's quite the rage this year. 그것이 금년에 대 유행입니다.
5. This material is durable. 이 감은 질깁니다.
6. You have quiet taste in color.
   색상에 있어서 점잖은 취향을 가지고 계십니다.
7. This coat is a perfect fit. 이 상의는 몸에 꼭 맞다.
8. This coat is an easy fit. 이 상의는 입기가 편하다.
9. This coat is a poor fit. 이 상의는 잘 맞지 않는다.
10. It's too small for me. 저에겐 너무 작습니다.
11. How much is it altogether? 값이 모두 얼마입니까?
12. We have a lot of bargains. 우리는 염가물건이 많습니다.
13. A lot of people are buying them. 많은 사람들이 사갑니다.
14. They've just arrived on the market. 요즈음에 장에 나왔지요.
15. It's the newest thing just put out. 방금 나온 신제품입니다.
16. It's easy to take care of. 손질 안 하고도 입을 수 있습니다.
17. They don't get so warm and clingy.
    덥지도 않고 몸에 달라붙지도 않습니다.
18. Here's your change. 거스름돈입니다.
19. I'm sure you'll like the dress. 그 옷 마음에 드실 겁니다.
20. It's a good buy. 싸게 잘 사셨습니다.
21. I don't think it's a bad buy. 잘못 사신 거라고는 생각 않습니다.
22. You're neat in your dress, ma'am.
    부인께선 옷차림이 얌전하시군요.

Situation 9 — Accessory wholesale store (1)

Can I have a price list of covering the whole line of accessories here?

A   Good afternoon, sir.

B   Good afternoon.

A   What can I show you?

B   I'd like to see all accessories selling at a whole sale price.

A   We have many kinds. Please feel free to look.

B   Can I have a price list of covering the whole line of accessories here?

A   Yes, of course. Here you are.
    Prices range from 500 won to 100,000 won depending on the accessories.

B   Do you have home trade and foreign trade?

A   Yes, we do.
    Are the prices working for you or against you?

B   They're working for me.

액세서리 도매점 (1)

여기에 있는 액세서리 전 종류를 포함하는 가격표 한 장 얻을 수 있습니까?

A 안녕하십니까, 선생님.

B 안녕하세요.

A 무엇을 보여드릴까요?

B 도매하시는 액세서리 전 품목을 보고 싶습니다.

A 여러 가지가 있습니다. 마음대로 보셔도 좋습니다.

B 여기에 있는 액세서리 전 종류를 포함하는 가격표 한 장 얻을 수 있습니까?

A 네, 물론입니다. 여기 있습니다. 가격은 액세서리에 따라서 500원에서 100,000원짜리까지 있습니다.

B 국내 장사도 하시고 해외 무역도 하십니까?

A 네, 그렇습니다. 가격이 맞습니까? 안 맞습니까?

B 가격이 맞습니다.

Words & Phrases

depend [dipénd] …나름이다, …에 달려있다, 의존하다, 의지하다, 믿다
trade [treid] 무역, 교역, 통상, 상업, 장사, 매매, 거래
foreign [fɔ́:rin] 외국의, 외국에 있는, 외국 풍의, 외국행의, 외래의
working [wə́:rkiŋ] 실제로 도움이 되는, 실용적인
against [əgènst] …에 거슬러서, …에 반대하여, 반항하여, …에 거역하여
line [lain] 상품의 종류, 재고품

Situation 10

Accessory wholesale store (2)

Would you like to do business with us?

B I'd like to enter into business with you.

A Would you like to do business with us?

B Yes. I would.

A Do you have a saleroom in your home country?

B Yes, I've run it going on 10 years.

A Oh, you have.

B In fact one of my friends told me you have a good selection.

A Yes. We have a good selection, you know. More and more foreign buyers are buying our goods. What item do you think might go well in your home country?

B Well, it's hard to say offhand.

액세서리 도매점 (2)

저희와 거래해 보고 싶으십니까?

B 귀 상사와 거래를 트고 싶습니다.

A 저희와 거래해 보고 싶으신가요?

B 네, 그렇습니다.

A 본국에 매장을 가지고 계십니까?

B 네, 경영해온 지 거의 10년 됐습니다.

A 아, 그러시군요.

B 실은 친구 한 사람이 귀측이 좋은 물건을 가지고 있다는 말을 했습니다.

A 네, 보시다시피 저희는 좋은 물건을 가지고 있습니다.
점점 더 많은 외국 바이어들이 저희 상품을 사갑니다.
귀측 본국에서는 어느 품목이 잘 팔릴 것으로 생각하십니까?

B 글쎄요. 당장 말씀드리기 어렵습니다.

Words & Phrases

enter into (일·담화·교섭 등을) 시작하다, 종사하다, 관계·협약 등을 맺다
fact [fækt] 사실, 실제의 일
goods [gudz] 상품, 물품, 물자
foreign buyers 외국인 구매자들
might [mait] ···인지도 모르다
hard [hɑərd] 이해, 설명하기 어려운, 곤란한, 노력을 요하는, 하기 힘든

Situation 11

Accessory wholesale store (3)

I've made a list of what I'm likely to want.

A Here's one that is very popular.

B It looks nice. How much is it?

A It's two dollars. I'm sure this one might go well in your home country.

B I think it's a money-maker.

A What else are you interested in?
How about this necklace? It's going well.
This one is very popular among foreigners.
Many foreigners are buying these. Would you make a list of what you're likely to want?

B Yes, I would.

A Since this is a trial buying-in, we'll give you better price.

B I've made a list of what I'm likely to want.

A Thank you very much.

액세서리 도매점 (3)

쓸만한 것들을 적어 보았습니다.

A 여기 이 물건이 대단히 인기가 있습니다.
B 괜찮게 보이는군요. 얼마입니까?
A 2달러입니다. 저는 이 물건이 귀측의 본국에서 잘 팔릴 것으로 믿습니다.
B 내 생각에 돈벌이가 될 것 같군요.
A 그밖에 무엇에 관심이 있으십니까?
 이 목걸이는 어떨까요? 잘 나갑니다.
 이 물건이 외국인들 사이에 대단한 인기입니다.
 많은 외국인들이 사가십니다. 귀측이 필요로 할 것 같은 물건을 적어 보시지 않으시겠습니까?
B 네, 그렇게 하지요.
A 이번이 시험 구매이시니까 저희가 값을 잘해 드리겠습니다.
B 쓸만한 것들을 적어 보았습니다.
A 대단히 감사합니다.

Words & Phrases

popular [pápjulər] 인기 있는, 평판이 좋은, 인망 있는, 대중적인
else [els] (부정대명사, 의문대명사 뒤에 써서) 그밖의, 다른
necklace [néklis] 목걸이
likely [láikli] …할 것 같은, 있음직한, …함직한, 가망 있는, 유망한
trial [tráiəl] 시험적인, 예선의, 공판의, 예심의

Situation 12

Accessory wholesale store (4)

If we give you 15% discount, we'll lose money.

A   We can give you 10% discount off the total.
    Will that be all right?

B   Can you give me 15% discount?

A   I'm afraid we can't.
    If we give you 15% discount, we'll lose money.
    Accessories give little profit, you know.
    Your limit leaves me no margin.
    You have to meet our figure.

B   O.K. Lot's put it into writing and sign it.

A   Yes, sir. Where do you want us to deliver them?

B   I'm staying at the Rex Hotel, Room 505.

A   Very good, sir.

액세서리 도매점 (4)

만일 15%를 감해 드리면 밑집니다.

A 합계 총액에서 10% 할인해 드릴 수 있습니다.
   그렇게 해 드리면 좋습니까?

B 15% 할인은 안 되겠습니까?

A 유감이지만 해 드릴 수 없습니다.
   만일 15% 할인해 드리면 저희는 밑집니다.
   액세서리는 이문이 거의 없거든요.
   귀측의 지정가격으로는 이문이 없습니다.
   저희 합계 수에 응하셔야 합니다.

B 좋습니다. 문서화해서 서명합시다.

A 네, 손님. 어디로 배달해 드리기 원하십니까?

B 저는 Rex Hotel 505호실에 묵고 있습니다.

A 잘 알겠습니다. 손님.

Words & Phrases

lose money 밑지다
give little profit 거의 이문이 생기지 않다, 조금 밖에 [거의] 이문이 없다
profit [práfit] (금전상의) 이익, 이득, 벌이
leave [li:v] 빼고 난 뒤에 수를 남기다
margin [má:rdʒin] 이문, 마진
figure [fígjər] 수식어와 함께 합계 수, 액, 고, 값

Situation 13

Accessory wholesale store (5)

This one costs only half the amount.

A This is one of our best selling accessories. They're much in demand.

B Do you have about two thousand?

A I'm afraid we don't have that many on hand right now. How soon do you need them?

B The sooner the better.

A O.K. we'll deliver them within this month.

B Do you have anything cheaper?

A Yes, we have something cheaper.
We have accessories that are as cheap as 3 dollars.
This one costs only half the amount.
It's very cheap at that unit price.

B I'll take two hundred.

액세서리 도매점 (5)

이것은 그 반액밖에 안 됩니다.

A 이것이 저희 상점에서 자장 잘 팔리는 액세서리 중 하나입니다. 그것들이 수요가 많습니다.

B 약 2천 개쯤 있습니까?

A 지금 당장에는 그 만큼은 없습니다.
언제까지 필요하십니까?

B 빠를수록 좋습니다.

A 이 달 안으로 납품하겠습니다.

B 더 싼 것도 있습니까?

A 네, 더 싼 것도 있습니다.
3달러 가량의 액세서리도 있습니다.
이것은 그 반액밖에 안 됩니다.
그 단가면 대단히 싼 것입니다.

B 200개 쓰겠습니다.

Words & Phrases

best selling [best séliŋ] 가장 많이 팔리는
demand [dimænd] 수요, 요구, 청구, 수요량, 판로
deliver [dilívər] (물건·편지를) 배달하다. 전언 등을 전하다. 넘겨주다
within [wiðin] (시간·거리·범위 등) …이내에, …의 범위 내에서
amount [əmáunt] 총액, 총계, 대부금의 원리합계, 결과, 요지, 양

Situation 14

Accessory retail store

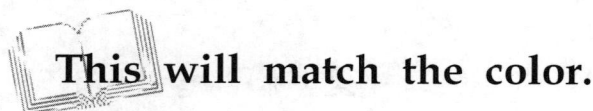

This will match the color.

A Step right in, ma'am. Can I help you?

B Yes. I want a necklace.
   Could you show me anything to match the color of this?

A Yes, we have a wide assortment.
   How about this one? This will match the color.

B Yes, that's just what I want.
   Let me try it on. How do I look?

A You look very nice in it.
   I'm sure that this one will be praised by everyone.
   Appearance comes first, you know.

B I'll take this one.

액세서리 소매점

이것이 그 색에 어울리겠습니다.

A 어서 오세요. 손님. 도와드릴까요?

B 네, 목걸이 하나 사려구요.
이 옷 색깔에 걸 맞는 것 보여줄 수 있습니까?

A 네, 저희는 구색을 제대로 갖추고 있습니다.
이것은 어떻습니까? 이것이 그 색에 어울리겠습니다.

B 네, 그게 바로 제가 필요한 것입니다.
한번 걸어 봅시다. 어떻게 보입니까?

A 그걸 거시니 대단히 훌륭하게 보이십니다.
이 물건은 누구나 다 좋다고 칭찬할 겁니다.
보시다시피 외관이 최고지요.

B 이걸 사겠습니다.

Words & Phrases

match [mætʃ] …와 조화하다, 어울리다
wide [waid] 폭이 넓은, 폭이 …인, 면적이 넓은, 광대한, 충분히
assortment [əsɔ́ːrtmənt] 구색을 갖춘 것, 갖추어 한데 넣은 것, 잡다한 것
praise [preiz] 칭찬하다
appearance [əpíərəns] 외관, 외양, 체면, 양상, 생김새, 출현, 출두

Useful Expressions

1. Personally I would recommend. 개인적으로 권하고 싶습니다.

2. You have to realize. It's worth much more than the price.
   손님 이건 알아두셔야 합니다. 그것은 가격보다 훨씬 많은 가치가 있습니다.

3. I hope you'll find something you like.
   마음에 드시는 것이 저희한테 있기를 바랍니다.

4. This is not a discount store. 여기는 싸구려 점이 아닙니다.

5. Our store is dependable. 저희 상점은 믿을 수 있습니다.

6. We never ask two prices.
   저희는 절대로 일부러 값을 높게 부르지 않습니다.

7. We never charge you too much.
   저희는 절대로 바가지 씌우는 일이 없습니다.

8. Our prices are reasonable. 저희 가격은 적당합니다.

9. We're selling at the current price. 저희는 시세대로 팝니다.

10. Quite a lot is going abroad. 상당량이 해외로 나갑니다.

11. This is the newest thing just put out.
    이것은 방금 나온 신제품입니다.

12. Don't you think it's a money maker.
    그 물건이 돈벌이가 되는 것이라고 생각하지 않습니까?

13. This one comes expensive. 이것은 비싸게 먹힙니다.

14. I don't think it's expensive. 비싸다고 보지 않습니다.

15. It would be a good price. 좋은 값으로 사 가시는 겁니다.

16. It would be a good buy. 잘 사 가시는 겁니다.

17. Don't bid so low. 너무 낮게 깍지 마십시오.

18. We lose money at the price. 그 값으로는 저희가 밑집니다.

19. We cannot sell at cost. 원가로는 팔 수가 없습니다.

20. Two thousand won is our rock-bottom price.
    2천원 밑으로는 안 됩니다.

21. We're selling at a wholesale price.
    저희는 도매가격으로 팔고 있습니다.

22. We're selling at a reduced price.
    저희는 이미 할인된 가격으로 팔고 있습니다.

23. Do you want us to deliver them?
    저희가 그것들을 배달해 주기 원하십니까?

24. May I leave them with information office?
    호텔 안내소에 맡겨 놔도 될까요?

25. By what time do you want us to deliver?
    몇 시까지 배달해 드리기 원하십니까?

26. I have left them with information office.
    안내소에 맡겨 두었습니다.

27. Please go there and ask for them. 거기 가셔서 찾아가십시오.

28. I told him to take care of them till you call for them.
    귀하께서 가지러 올 때까지 잘 돌보라고 일러두었습니다.

Situation 15 — At a bag store (1)

It closes all the way around with a ziper.

A Good morning. Can I help you?

B Yes, I want to buy a roller trunk.

A We have small-sized, medium-sized and large-sized ones.

B I've got many things to put in.

A Will a large-sized one do?

B Yes, I want one made of canvas.

A How about this one here. It's made of canvas. It closes all the way around with a ziper.

B This one will do. How much si it?

A 38 dollars.

B Could you give me a discount?
   It goes beyond my budget.

A Very good, sir. We'll offer you a special discount of five percent.

가방점에서 (1)

전체 둘레를 모두 자크로 채웁니다.

A 안녕하십니까? 도와드릴까요?

B 네, 롤러 달린 큰 가방을 사고 싶습니다.

A 소형, 중형 그리고 대형의 트렁크가 있습니다.

B 집어넣을 것들이 많습니다.

A 대형의 것이면 되겠습니까?

B 네, 범포(돛을 만드는 피륙)로 만든 것을 원합니다.

A 여기 이것은 어떻습니까? 범포로 만든 것입니다.
전체 둘레를 모두 작크로 채웁니다.

B 이것이면 되겠습니다. 얼마입니까?

A 38달러입니다.

B 할인을 해주실 수 있습니까?
나의 예산을 초과하는 돈이군요.

A 선생님 알았습니다. 5부의 특별 할인을 해드리겠습니다.

Words & Phrases

beyond [biʌ́nd, bijʌ́nd] (정도를 나타내어) …의 범위를 넘어
budget [bʌ́ʤit] 예산, 예산안, 경비, 운영비, 가계, 생활비
ziper [zípər] 지퍼

Situation 16 — At a bag store (2)

That should be large-sized one, I suppose.

A Come right in, please. Can I help you?

B Yes, I'm looking for a brief-case.

A We have all kinds.

B I want one that will hold ordinary drawing paper without folding.

A That should be large-sized one, I suppose.
How about this one?

B It looks very nice. What is it made of?

A It's made of imported cow skin, you know.
You can keep this bag well-polished only by rubbing with a piece of cloth.

B It would be quite expensive, I suppose.

A It's not so expensive. It's only 45 dollars.

B I'll take it.

가방점에서 (2)

큰 사이즈라야 하겠지요

A 어서 오십시오. 도와드릴까요?
B 네, 서류 가방을 찾고 있습니다.
A 여러 가지를 팔고 있습니다.
B 보통 도화지를 접지 않고 넣을 수 있는 것을 원하거든요.
A 큰 사이즈라야 하겠지요. 이건 어떨까요?
B 매우 좋아 보입니다. 무엇으로 만들었지요?
A 보시다시피 수입 소가죽으로 만들었습니다.
  천 조각으로 문지르시기만 하면 가방을 윤나게 유지하실 수 있습니다.
B 꽤 값이 비싸겠지요.
A 그다지 비싸지 않습니다. 불과 45달러입니다.
B 사가겠습니다.

Words & Phrases

ordinary [ɔ́ːrdənèri] 보통의, 평상의, 정규의, 범상의, 평범한
drawing paper 도화지, 제도 용지
fold [fould] 접다, 겹치다, 접어 포개다, (단 등을) 접어 넣다
suppose [səpóuz] 가정하다, 상상하다, 추측하다, 생각하다, 헤아리다
import [impɔ́ːrt] (상품을) 수입하다
well-polished 광택이 잘 나는, 잘 닦인

Situation 17

At a bag store (3)

We have the same bag in a few other colors.

B   I'm looking for a bag.
    I see you have quite an array of bags.

A   Thank you, sir.
    What do you need the bag for?

B   I need the bag for carrying books.

A   I see. How about this one?
    It's made of artificial leather and its bottom expands and contracts, you know.

B   I think this bag will hold many books.
    Is this the only kind you have at present?
    I don't like the color. It's a little gaudy.

A   We have the same bag in a few other colors.
    How about this one here? It's light brown.

B   Light brown would be very nice.

A   12 dollars.

가방점에서 (3)

같은 가방으로 다른 색깔도 두세 가지 있습니다.

B 가방을 찾고 있습니다.
   여기는 가방이 상당히 많이 진열되어 있군요.

A 감사합니다. 가방은 어디에 쓰실 겁니까?

B 책을 나르는데 필요해서요.

A 알겠습니다. 이것은 어떨까요?
   인공가죽으로 만들어졌고 밑바닥이 넓게 펴졌다가 줄어들었다가 하지 않습니까?

B 내 생각에 이 가방이면 책이 많이 들어갈 것 같군요.
   현재 있는 것은 이것뿐입니까?
   색깔이 마음에 안 듭니다. 조금 야합니다.

A 같은 가방으로 두세 가지 다른 색도 있습니다.
   여기 이것은 어떻습니까? 연한 고동색이거든요.

B 연한 고동색이면 아주 좋을 것 같습니다.

A 12달러입니다.

Words & Phrases

carry [kǽri] 나르다, 가게 하다, (소리 등을)전하다, 전해지다, 지탱하다
artificial leather [ɑ́ːrtəfíʃəl léðər] 인조가죽
expand [ikspǽnd] 퍼지다, 넓어지다, 팽창하다
contract [kəntrǽkt] 줄어들다, 수축하다
gaudy [gɔ́ːdi] 화려한, 야한, 저속한, 겉치레의

Situation 18

At a bag store (4)

Our store has a great assortment of handbag.

A   Good afternoon, ma'am Can I help you?

B   I want to buy a handbag.

A   Our store has a great assortment of handbag. Here's quite a fancy one made of artificial leather.

B   Do you think it would last me a life time?

A   In case (that) it should last you a life time, I would recommend this eel skin one.

B   Is it the true [inner] skin?

A   Yes, of course.

B   Could you show me how to open and close?

A   It's really very simple. If you want to open it, just press this button on the lock.
If you want to close it, press the button again and snap the lock back.

B   How simple! I'll take it.

가방점에서 (4)

저희 가게에는 핸드백의 구색이
잘 갖추어져 있습니다.

A   안녕하세요, 부인. 도와드릴까요?

B   핸드백 하나 사려구요.

A   저희 상점에는 핸드백의 구색이 잘 갖추어져 있습니다.
여기 인조피혁으로 만든 아주 근사한 것이 있습니다.

B   내가 평생 쓸 수 있다고 생각하십니까?

A   만일 가방을 평생 쓰실 거라면 이 장어 가죽 핸드백을 권하고 싶습니다.

B   진피 입니까?

A   네, 물론입니다.

B   열고 닫는 방법을 가르쳐 주실 수 있습니까?

A   정말 대단히 간단합니다.
열고 싶으시면 자물쇠 위에 이 단추만 누르세요. 닫고 싶으시면 다시 단추를 누르시고 자물쇠를 짤깍 채우십시오.

B   참 간단하군요! 사겠습니다.

Words & Phrases

artificial [ɑ́ərtəfíʃəl] 인조의, 인공적인, 인위적인, 모조의, 진짜가 아닌
leather [léðər] (털을 제거하고 무두질한) 가죽, 가죽제품, 가죽끈
recommend [rekəménd] 권하다, 추천[천거]하다
simple [símpl] 간단한, 단순한, 쉬운   snap [snæp] 짤깍[찰싹, 덜컥] 잠기다

Situation 19

At a bag store (5)

I want to have my name engraved in case.

A Welcome to our store. Can I help you?

B Yes, I want a suitcase made of the true skin.

A How about this one here?

B What is it made of?

A It's made of cow skin. It's really quite strong.

B It looks well-made. By the way.
I want to have my name engraved in case.

A We can easily do it, sir.

B How long will it take?

A It'll take about an hour.

B O.K. I'll come for it in about an hour.
I hope you'll do a neat job.

A Yes, of course. In case I'm not in, you ask this clerk for it. O.K.

가방점에서 (5)

만일의 경우를 생각해서 이름을 새기고 싶습니다.

A 저희 상점에 오신 것을 환영합니다. 도와드릴까요?
B 네, 진피로 만든 여행가방이 필요합니다.
A 여기 이것이 어떨까요?
B 무엇으로 만든 것입니까?
A 소가죽으로 만든 것인데 정말 아주 튼튼합니다.
B 잘 만들어 진 것 같군요. 그런데 말입니다.
   만일의 경우를 생각하여 이름을 새기고 싶습니다.
A 쉽게 할 수 있습니다.
B 얼마나 걸릴까요?
A 약 한 시간 걸립니다.
B 좋습니다. 한 시간 후에 가지러 오겠습니다.
   깨끗하게 잘해 주십시오.
A 네, 물론입니다. 제가 없는 경우 이 점원에게 달라고 하십시오. 좋습니다.

Words & Phrases

suitcase [súːtkèis] 여행가방(보통 트렁크라고 부르는 것)
really quite [ríːəli kwait] 정말 아주, 정말 꽤, 정말 제법, 정갈 상당히
do a neat job 지시 받거나 부탁 받은 일을 깨끗하게 마음에 쏙 들게 해 놓다

 **Useful Expressions**

1. The price depends on handbags. 가격은 핸드백 나름입니다.
   The price depends on the leather.
   가격은 가죽에 달려 있습니다.

2. I want one that will last me a life-time.
   평생 쓸 수 있는 것을 필요로 합니다.
   I want one that will stand a lot of wear and tear.
   많이 써서 낡아도 쓸 수 있는 것을 원합니다.
   I want one that will hold this case.
   이 케이스가 들어 갈만한 것을 필요로 합니다.

3. The price of the true skins has risen recently.
   진피의 가격은 최근 올랐습니다.
   The price of imported leather has risen recently.
   수입가죽 가격이 최근 올랐습니다.

4. You don't have to wrap it up. 싸주실 필요 없습니다.
   You needn't wrap it up. 싸주실 필요 없습니다.

5. How do you keep this lock well-polished?
   이 자물쇠를 어떻게 윤나게 유지하지요?
   How do you keep this buckle well-polished?
   이 버클을 어떻게 윤나게 유지하지요?

6. It depends on the way in which the handbag was made.
   핸드백이 만들어진 방법에 달려있습니다.

7. Do you feel tempted to buy it? 사고 싶으십니까?
   Are you tempted to buy it? 사고 싶으십니까?

8. Yes, I'm tempted to buy it. 네, 사고 싶습니다.

9. We have the same wallets in some other colors.
   같은 지갑으로 몇 가지 다른 색깔도 있습니다.

10. Could you show me the same wallet in other colors.
    같은 지갑으로 다른 색을 보여줄 수 있습니까?

11. Are these locks strong?   이 자물쇠는 튼튼한가요?

12. Yes, they're so strong that they can't be opened by any other kind of key.
    네, 그것들은 너무 튼튼해서 다른 어떤 열쇠로도 못 엽니다.

13. How is it that this one is much more expensive than that one on the shelf?
    이것이 선반에 있는 저것보다 훨씬 비싼데 왜 그렇습니까?

    How is it that this trunk is much cheaper than that roller trunk?
    이 트렁크가 저 롤러 트렁크보다 훨씬 더 싼 데 왜 그렇죠?

14. These look pretty much the same.
    이것들은 아주 똑 같아 보이네요.

    Those both look identical to me.
    저것들 둘 다 꼭 같아 보이네요.

15. What a wise purchase!   참 물건 잘 사셨네.

16. I want a wallet which has several sections and will hold all bills without folding.
    여러 부분으로 넣을 수 있고 지폐를 접지 않고 넣을 수 있는 지갑을 원합니다.

17. I'm afraid it is too bulky in your pocket.
    유감이지만 손님의 주머니에 너무 불룩 튀어나옵니다.

Situation 20

At a toy store (1)

I want to buy a Korean doll.

A Good afternoon, sir. Can I help you?

B Yes, I want to buy a Korean doll as souvenir on a visit to Korea.

A What kind of doll do you want?
   We have all kinds, you know.

B Have you got a pair of small Korean children, one boy and one girl, with black hair and brown eyes and dressed Korean traditional clothes. [traditional Korean clothes]

A Who is that for?

B It's for my little daughter in the States.

A Here's a quite pretty one.

B Yes, this is what I'm looking for, I'll take it. Please gift-wrap it.

완구점에서 (1)

한국인형을 하나 사고 싶습니다.

A 안녕하세요. 도와드릴까요?

B 네, 한국 방문중에 기념으로 한국인형을 하나 사고 싶습니다.

A 어떤 종류의 인형이 필요하십니까?
　보시다시피 저희는 여러 가지를 팔고 있습니다.

B 검은 머리에 갈색 눈 그리고 한국의 전통 의상이 입혀진 작은 한 쌍의 남자아이와 여자아이로 된 것이 있습니까?

A 누구에게 주실 건가요?

B 미국에 있는 어린 딸에게 줄 것입니다.

A 여기에 아주 예쁜 것이 있습니다.

B 네, 이것이 찾고 있던 것입니다. 사겠습니다.
　리본으로 묶어 선물용으로 포장해 주세요.

Words & Phrases

souvenir [súːvəniər] 기념품, 선물, 추억의 유품
on a visit to Korea 한국을 방문[체류]중(에), 한국을 구경 중(에)
traditional [trədíʃnəl] 전통적인, 고풍의, 전설의, 전통의
clothes [klouðz] 옷, 의복, 침구(bed clothes), 세탁물
gift-wrap [gíftræp] 리본 등으로 묶어 선물용으로 포장하다.

Situation 21

At a toy store (2)

I want a toy skin diver.

A Anything else, sir?

B Well, my five-year-old boy in the States wants a toy skin diver.

A Do you want one that will swim in the water by clockwork?

B Yes, that's right.

A It's a kind of mechanical toy. From what I've sold, many foreign buyers are buying them a lot. Personally I would recommend this one here. It's the newest thing just put out. Don't you think it's well-made and well-looking?

B It looks well-made.
   Are you sure that it'll last my son some, years?

A Yes, I guarantee the quality.
   I'm sure your son will like it very much.

B I'll take it, too.

완구점에서 (2)

장난감 잠수부를 원합니다.

A 그밖에도 필요한 게 있습니까?

B 저—, 미국에 있는 다섯 살 난 아들이 장난감 잠수부를 갖고 싶어해서요.

A 태엽장치로 물 속에서 수영하는 것을 원하십니까?

B 네, 맞습니다.

A 그것은 일종의 기계장치 장난감입니다. 제가 지금까지 팔아온 바에 의하면 외국 바이어들이 많이 사갑니다.
저 개인적으로 여기 이것을 권하고 싶습니다.
방금 나온 신제품입니다.
잘 만들어지고 잘 생겼다고 생각하지 않으십니까?

B 잘 만들어져 보입니다.
제 아들이 몇 년 쓸 수 있다고 믿으십니까?

A 네, 제가 품질을 보증합니다.
아드님이 무척 마음에 들어 할 것으로 믿습니다.

B 그것도 주세요.

Words & Phrases

clockwork [klákwəːrk] 시계 [태엽]장치, 태엽장치의
mechanical [mikǽnikəl] 기계장치의, 기계조작의, 기계(상)의, 기계적인
recommend [rekəménd] 권하다, 충고[권고]하다, 추천[천거]하다
guarantee the quality 품질을 보증하다

Situation 22

At a toy store (3)

We've the line you described.

A   Come on in. Good afternoon, ma'am. Can I help you?

B   Yes, my little darling here wants a toy.

A   What kind of toy do you want?

B   I want one that will say "I love you" every time you press it.
It also cries "mama" when it is laid down.

A   We have the line you described.
How about this one here? It's a cute little doll, you know.

B   It looks very pretty.

A   Please have a try at it whether she can say and cry.

B   Let me try on. Well! It works.

A   Please let your baby try on.

B   Have a try at it.

완구점에서 (3)

손님이 설명하신 종류도 있습니다.

A 어서 오너라. 안녕하세요. 도와드릴까요?

B 네, 여기 이 꼬마둥이가 장난감을 갖고 싶어해요.

A 어떤 장난감이 필요하십니까?

B 누를 때마다 "사랑해요"라고 말하는 것을 원해요.
그리고 역시 인형이 눕혀질 때 "엄마"라고 울기도 하구요.

A 손님이 설명하신 종류도 있습니다.
여기 이것이 어떨까요? 보시다시피 깜찍하고 귀여운 인형입니다.

B 대단히 예쁘게 보이네요.

A 말도 하고 울기도 하는지 한번 시험해 보세요.

B 시험해 보지요. 어머! 작동이 되네요.

A 아기에게 한번 시켜 보세요.

B 한번 해보아라.

Words & Phrases

press [pres] 밀다, 눌러 붙이다, 눌러 찌그러뜨리다
describe [diskráib] 특징 등을 묘사하다, 말로 설명하다, 사람을 평하다
cute little doll [kjuːt litl dál] 귀여운 작은 인형, 깜찍하고 귀여운 인형

Situation 23

At a toy store (4)

I would recommend a rattle.

A   Welcome to our store. Can I help you?

B   Yes. I want to buy a toy which can still crying baby.

A   Is it a boy or a girl?

B   It's a boy. We're just about to celebrate its second birthday.

A   Congratulations! I would recommend a rattle. I think it would be the best thing.
How about this one here?

B   It looks pretty nice. Are you sure that this one can soothe a crying baby?

A   I think that depends on how you soothe.

B   I was told that Korea was famous for its production of dolls. Sure enough the dolls in Korea [here] are excellent.

A   Thank you for the compliment, sir. [ma'am]

완구점에서 (4)

딸랑이를 권하고 싶습니다.

A 저희 상점에 오신 것을 환영합니다. 도와드릴까요?
B 네, 우는 아기를 달랠 수 있는 장난감이 필요해서요.
A 아기가 아들인가요, 딸인가요?
B 아들입니다. 우리는 지금 막 그 애의 돌을 축하하려고 해요.
A 축하합니다! 딸랑이를 권하고 싶은데요.
  내 생각에 그것이 좋은 것 같습니다. 여기 이것이 어떨까요?
B 꽤 괜찮아 보이네요.
  이것이 우는 아기를 달래줄 수 있나요?
A 제 생각에는 어떻게 달래느냐에 달려있다고 봅니다.
B 한국은 인형 생산으로 유명하다고 들었습니다.
  과연 [아니나 다를까] 한국의 [여기] 인형은 최고입니다.
A 칭찬해 주셔서 감사합니다, 손님. [부인]

Words & Phrases

celebrate [séləbrèit] (식을 올려 …을) 축하하다, 의식·축전을 거행하다
rattle [rǽtl] 딸랑이 장난감
soothe [suːð] 달래다, 어르다, 위로하다, 신경·감정을 진정시키다 = still
production [prədʌ́kʃən] 생산, 생산량, 산출(고), 제조, 제작, 저작, 저작물
compliment [kʌ́mpləmənt] 찬사, 정의, 인사, 아첨, 따리
excellent [éksələnt] 우수한, 아주 훌륭한, 뛰어난, 성적이수의

Key Words

something for a child to play with (toy) : 아이들이 가지고
    노는 것
make a toy of : …을 노리개로 삼다, 장난감으로 삼다
a toy poodle : 애완용 푸들 개
a toy drama : 인형극
toy dog : 애완용 작은 개
toyman : 장난감 상인
toy shop : 장난감 가게, 완구점
a toy; a plaything : 장난감
baby farm : 유료 탁아소, 보육원
baby farmer : 탁아소 경영자, 보육원장
baby farming : 탁아소 경영
baby food : 유아식
baby grand [grand piano] : 소형 그랜드 피아노
baby jumper : 아기의 손발 운동기구
baby walker : 유아의 걸음마 연습기
ringlet : 작은 고리, 작은 바퀴, 고수머리(curl)
ringleted : (머리털이) 곱슬곱슬한
ring-pull : (깡통 등) 고리를 잡아 당겨 여는[따는]
ring road : 《영》 순환도로 《미》 beltway = ring-way
ring toss : 고리던지기
toy horse : 장난감 말
a toy [match box] of a house : 장난감 같은 집
house in miniature : 장난감의 집
playmate : 놀이 친구
playmaker : 단체 구기 등에서 공격을 풀어가는[선도하는] 선수

play game : 놀이, 어린애 장난
playhouse : 어린이가 들어가 노는 장난감의 집
playing card : 놀이 카드, 화투
playland : 어린이 놀이터
playlet : 단막극, 짧은 연극
play money : 장난감 돈
Teddy bear : 장난감 곰
alphabet wooden blocks : 알파벳 나무토막
building blocks : 집 짓는 나무토막
tumbler, tumbling doll : 오뚝이
baloon : 풍선
Kewpie : 큐피 인형(cupid의 상표명), 갓난아이 모양의 날개 달린 요정
teething ring : 고리 모양의 물리개(이가 날 무렵의 어린애에게 물려주는)
electric locomotive : 전기기관차
clockwork : 시계[태엽] 장치
electric car : 전기 자동차
metal toy : 금속제품완구
wooden toy : 나무로 만든 장난감
mechanical toy : 기계장치 장난감
educational toy : 교육적인 장난감
toy helicopter : 장난감 헬리콥터
assemblage toy : 조립 강난감
framing toy : 짜 맞추기 장난감

Situation 24 An apartment house to rent (1)

I'm looking for an apartment house to rent.

B I'm looking for an apartment house to rent.

A Oh, you are.

B I don't know what to do because this is my first time to visit to Korea and this will be my first time to a real estate broker's office, you know. What do you suggest I do?

A First of all, I'd like to suggest to you that you go to a nearby real estate broker's office.

B I don't understand Korean, you know.

A Please speak a little bit slowly so that they can understand.

B O.K.

A Tell the broker you want an apartment house to rent.

B Yes, I will.

A And then ask him if he can show you one.

세 들어 살 아파트 (1)

세 들어 살 아파트를 찾고 있습니다.

B 세 들어 살 아파트를 찾고 있습니다.

A 아, 그러시군요.

B 어떻게 해야 될지 모르겠습니다, 왜냐하면 이번이 한국 첫 방문이고 보시다시피 부동산 사무실에 처음 가보기 때문입니다. 어떻게 하면 좋을까요?

A 우선 근처에 있는 복덕방에 가보세요.

B 한국말을 잘 할 줄 모르는데요.

A 그럼 그들이 이해할 수 있도록 조금 천천히 말씀하십시오.

B 좋습니다.

A 중개인에게 세 들어 살 아파트를 찾고 있다고 말하세요.

B 네, 그러죠.

A 그리고 나서 아파트 한 곳을 보여줄 수 있는지 물어보세요.

Words & Phrases

real estate = landed estate 부동산
estate [istéit] 재산, 유산, 재산권, 부동산권, 물권
broker [bróukər] 브로커, 중개인
suggest [səgdʒést] 암시하다, …을 제의[제창·제안]하다, 건의하다

Situation 25 — An apartment house to rent (2)

Ask him what the conditions for renting are.

B If he can, what do I have to ask him?

A Ask him what the conditions for renting are.

B O.K.

A Go take a look to see what the place is like. See the landlord and tell him the terms you're considering. And then finally ask the landlord if he will go along with your terms.

B That's almost the same way as we do in the States.

A That's right. [That's it]
Language barrier is the only problem.

B You said it.

A Just in case I'll go along. No problem.

B I greatly appreciate your kindness.

세 들어 살 아파트 (2)

세 드는 조건은 어떻게 되는지 물어보세요

B 아파트를 보여 주면 내가 무엇을 물어봐야 하지요?

A 세 드는 조건은 어떻게 되는지 물어보세요.

B 좋습니다.

A 아파트가 어떻게 생겼는지 한번 가보세요.
  집주인을 만나서 당신이 생각하고 있는 조건을 말하세요.
  그리고 나서 끝으로 당신의 조건을 찬성하는지 [탐탁하게 생각하는지] 집주인에게 물어보세요.

B 그 일은 우리가 미국에서 하는 식과 거의 같습니다.

A 맞습니다. 언어 장벽이 유일한 문제입니다.

B 지당하신 말씀입니다.

A 만일의 경우를 생각하여 제가 협조해 드리겠습니다. 문제 없습니다.

B 친절에 깊이 감사합니다.

Words & Phrases

landlord [lǽndlɔ̀ərd] 집주인, 지주, 주인   consider [kənsídər] 숙고하다, 생각하다   rent [rent] 집·토지 등을 임채[임대]하다   condition [kəndíʃən] 동의의 조건   term [təːrm] 지불·요금 등의 조건   greatly [gréitli] 크게, 심히, 매우   appreciate [əpríːʃièit] 고맙게 생각하다, 감사하다

Situation 26   An a real estate broker's office (1)

It doesn't matter if the owner asks for key money in advance.

A   Good afternoon, sir. What can I do for you?

B   I want an apartment house to rent.

A   What are the terms you are considering?

B   I want two bedrooms a kitchen and a bathroom, up on the hill preferably. It doesn't matter if the owner asks for key money in advance.

A   Very good, sir. I have one that has two bedrooms, a kitchen, and of course a bathroom, up on the hill in ○○dong.

B   What floor is it on?

A   Tenth. 30million won for key money, and five hundred thousand won for the monthly rent.

B   Can I go take a look to see what the place is like?

A   Yes, sir. Come with me.

복덕방에서 (1)

주인이 보증금을 미리 받아도 상관없습니다.

A 안녕하세요, 선생님. 무엇을 도와드릴까요?

B 세 들어 살 아파트가 필요합니다.

A 선생님이 생각하고 계시는 조건은 어떻습니까?

B 침실 둘에 부엌 그리고 목욕탕 가급적이면 언덕 위에 있으면 좋겠습니다. 주인이 보증금을 미리 받아도 상관없습니다.

A 잘 알겠습니다. ○○동 고지에 있는 집인데 방 둘에 부엌 그리고 물론 목욕탕(화장실)이 있는 것이 하나 있습니다.

B 몇 층인가요?

A 10층입니다. 보증금 3천만 원에 월세는 50만원입니다.

B 집이 어떻게 생겼는지 한번 가볼 수 있을까요?

A 네, 선생님. 절 따라 오세요.

Words & Phrases

preferably [préfərəbli] 가급적(이면), 오히려, 더 좋아하여
matter [mǽtər] 문제가 되다, 중요하다
key money 보증금
advance [ədvǽns] 선불, 선금, 가불금, 대출금, 전진, 진보, 향상
floor [flɔər] 건물의 층, 마루바닥, 방바닥, 밑바닥

Situation 27 An a real estate broker's office (2)

I wonder if the owner will like the idea of forgoing key money.

B I'm afraid I can't pay that much money.
   Thirty million won, that's 25,000 dollars.
   I wonder if the owner will like the idea of forgoing key money.

A Well, We'll go see what the place is like.
   It's a little way from here. We can walk.
   Here we are.

B Please ask the owner if he'll go along with the idea of getting the bigger rent instead of asking me to pay key money.

A O.K. I'll ask him.

B What did he say?

A "If that is the case, the rent would be double" he said.

B It doesn't matter if he asks for double.

A The bargain is concluded.

복덕방에서 (2)

집주인이 보증금 없이 세 드는 것을
안 좋아하지 않을까요?

B 유감이지만 그 많은 돈을 지불할 수가 없습니다.
3천 만원은 2만 2천 달러나 되거든요. 집주인이 보증금 없이 세 들어 사는 것을 안 좋아하지 않을까요?

A 글쎄요, 물어봐야 합니다. 집이 어떻게 생겼는지 가봅시다. 여기서 가깝습니다. 걸어갈 수 있지요. 다 왔습니다.

B 나에게 보증금을 내라고 하지 않고 보다 더 많은 월세를 받는데 찬성을 하는지 주인에게 물어보세요.

A 좋습니다. 물어보겠습니다.

B 뭐라고 하던가요?

A 사정이 그러시다면 월세를 배로 내시랍니다.

B 주인이 배를 달라고 해도 상관없습니다.

A 흥정은 끝났군요. [계약합니다.]

Words & Phrases

idea [aidíə] 착상, 느낌, 어림, 의견, 사상
forgo [fɔərgóu] 보류하다, 삼가다, …없이 지내다
instead [instéd] 그 대신에, 그 보다도
bargain [báərgin] 협정, 거래, 매매, 계약, 싼 물건
conclude [kənklú:d] 끝내다, 결말짓다, 마무리하다, 마치다

Situation 28

In an airport terminal (1)

Can I have a list of hotels, a list of rates and a map of the city?

(A Korean traveler is looking for the hotel reservation booth in an airport)

B   Excuse me.
    Would you tell me how to get to the hotel reservation booth in this airport?

A   Yes. Do you see that big building with a sign in front over there?

B   You mean that one with a big truck in front.

A   Yes. The hotel reservation booth you're looking for is right behind it.

B   Thank you.

A   You're welcome.

B   Excuse me. Can I have a list of hotels, a list of rates and a map of the city?

C   Sure. Here's a list of hotels and here's a map of the city. This shows the rates.

공항 종점에서 (1)

호텔 명단과 숙박 요금표 그리고 도시지도 한 장 얻을 수 있습니까?

(한국인 여행자가 공항 건물 내에 있는 호텔 예약처를 찾고 있다)

B 실례합니다. 이 공항 내 호텔 예약처를 어떻게 가는지 일러주시지 않겠습니까?

A 네, 저쪽에 앞에 간판이 붙어있는 저 큰 건믈 보이지요?

B 앞에 큰 트럭이 있는 저것 말씀이십니까?

A 네, 찾고 계신 호텔 예약처는 그 바로 뒤에 있습니다.

B 감사합니다.

A 천만에요.

B 실례합니다. 호텔 명단과 요금표 그리고 도시지도 한 장씩을 얻을 수 있을까요?

C 있구말구요. 여기에 호텔 명단과 지도가 있습니다. 여기에는 요금이 적혀 있습니다.

Words & Phrases

traveler [trǽvələr] 여행자, 나그네, 여행가, 순회판매인, 외판원
rates [reit] 요금, 시세, 가격, 평가
reservation [rèzərvéiʃən] 예약, 보류, 유보, 유보권, 자연보호구역
booth [buːθ] 전화박스, 매점, 노점, 영사실, 칸막이 좌석

Situation 29

In an airport terminal (2)

If you have any vacancies.

B   Well, I think this Hilton here is reasonable priced for me.
But I'm afraid I can't locate it on this map.
This map is confusing. Would you locate it for me?

C   It's right here on park Street.

B   That's good. Thank you so much.

A   Hotel Reservations. Can I help you, sir.

B   This is Kim Ki-Soo, a Korean traveler.
I'm calling from the airport to check if you have any vacancies.

A   Which do you want, a single or double?

B   A single.

A   Thank you, sir. Please tell the taxi driver to let you get off at the Hilton Hotel.

B   Thank you. I will.

공항 종점에서 (2)

그 호텔에 빈방이 있는지 없는지.

B   저—, 이 힐튼호텔이 나에게 적당한 것 같습니다.
    그러나 지도상에서 찾아낼 수가 없습니다.
    이 지도는 뭐가 뭔지 모르겠어요.
    저 대신 찾아 주시지 않겠습니까?

C   바로 여기 파크 스트리트에 있습니다.

B   좋군요. 대단히 감사합니다.

A   호텔 예약처입니다. 도와드릴까요.

B   저는 김기수라는 한국인 여행자입니다. 그 호텔에 방이 있는지 알아보려고 공항에서 전화하고 있습니다.

A   1인용을 쓰실건가요, 2인용을 쓰실건가요?

B   1인용 부탁합니다.

A   감사합니다, 선생님. 택시 운전사에게 힐튼호텔에서 내려달라고 하세요.

B   감사합니다. 그러죠.

Words & Phrases

reasonable [ríːzənəbl] 적당한, 온당한, 과하지 않은
locate [lóukeit] …에 위치를 정하다, 장소·경계를 정하다
confusing [kənfjúːziŋ] 혼란시키는(듯한), 당황케 하는
vacancy [véikənsi] 빈방, 빈터, 공지, 여지, 빈자리

Situation 30

Check-in (1)

I have reserved under the name of Ki-soo Kim.

A   Have you reserved a room, sir?

B   Yes, I have reserved under the name of Ki-Soo Kim.

A   You're very welcome to our hotel.

B   I wish to put up for five days.

A   Please register here in our guest book.

B   O.K.

A   On which floor would you like to locate?

B   Op the sixth floor.
    I want one that commands a nice view of the wonderful scenery around here.

A   Very good, sir. We could furnish you with a specially fine view on the seventh floor.

B   That would be nice. What's the rate for the room?

호텔에서의 투숙 절차 (1)

김기수란 이름으로 예약이 되어 있습니다.

A 예약이 되어 있습니까?

B 네, 김기수란 이름으로 예약이 되어 있습니다.

A 저희 호텔에 오신 것을 대단히 환영합니다.

B 5일간을 묵고 싶습니다.

A 이 숙박부에 등록해 주십시오.

B 좋습니다.

A 몇 층에 정하시겠습니까?

B 6층에요.
이 주위의 근사한 경치를 잘 볼 수 있는 것을 원합니다.

A 잘 알았습니다. 선생님. 7층이면 특별히 멋진 경치를 볼 수 있는데 그걸 드리겠습니다.

B 그게 좋겠습니다. 숙박요금은 얼마입니까?

Words & Phrases

reserve [rizə́ːrv] 좌석·방 등을 예약해 두다
register [rédʒistər] 등록부, 등기부, 호텔에서 숙박부에 기입·서명하다
locate [lóukeit] 장소·경계를 정하다, 거처를 정하다
scenery [síːnəri] (한 지방 전체의) 풍경, 무대면, 무대장치, 배경

Situation 31

Check-in (2)

Does the room command a fine view?

A Good afternoon, sir. Can I help you?

B Yes. I'd like to put up here for 10 days.

A You're most welcome, sir.

B I was told that you had quite a large variety of rooms.

A Yes, of course. Do you want a single room or a suite of rooms?

B I want a large room because my wife will arrive in tomorrow evening with four of our children.

A On which floor would you like to locate, sir.

B Seven or eight floor will do.
   Does the room command a fine view?

A Yes, it does. We could furnish you with a specially fine view on the eighth floor.

B That would be nice.

호텔에서의 투숙 절차 (2)

그 방은 전망이 좋습니까?

A 안녕하세요, 선생님 도와드릴까요?

B 네, 이 호텔에서 열흘 동안 묵고 싶습니다.

A 아주 잘 오셨습니다. 선생님.

B 꽤 많은 갖가지 방이 있다고 들었습니다.

A 물론입니다. 1인용을 원하십니까? 붙은 방을 원하십니까?

B 부인이 애들 넷을 데리고 내일 도착하기 때문에 넓은 방이 필요합니다.

A 몇 층에 정하시겠습니까?

B 7층이나 8층이면 됩니다. 방의 전망이 좋습니까?

A 네, 그렇습니다. 8층에 특별히 전망이 좋은 방을 드리겠습니다.

B 그거면 좋겠군요.

Words & Phrases

suite [swiːt] 붙은 방(호텔의 침실 · 욕실 · 거실 등이 이어진 한 벌의 방)
variety [vəráiəti] 갖가지, 가지각색의
locate [lóukeit] 장소 · 경계등을 정하다, 거처를 정하다
command [kəmǽnd] 내려다 보다, 내다 보다, 경치가 내려다보이다
furnish [fə́ːrniʃ] 필요한 것을 가다, 공급하다, 필요한 물건을 설치하다

Situation 32 Make reservation by telephone

Do you have a room commanding a fine view?

A Hotel Reservations. Can I help you, sir?

B Yes. Is this the Riverside Hotel?

A Yes, it is.

B This is Robert Mayer calling from Kimpo Airport. I'd like to put up at your hotel.
Do you have a room commanding a fine view?

A Yes, sir. We have some rooms overlooking the Han River. On which floor would you like to locate?

B The higher the better.

A Very good, sir. We could furnish you with a specially fine view on the 15th floor.

B That would be nice.

전화로 예약하다

전망이 좋은 방이 있습니까?

A 호텔 예약처입니다. 도와드릴까요?

B 네, 거기가 리버 사이드 호텔입니까?

A 네, 그렇습니다.

B 나는 라버트 메이어인데 김포공항에서 전화하고 있습니다. 그 호텔에서 묵고 싶은데요. 전망이 좋은 방이 있습니까?

A 네, 선생님. 한강을 내려다 볼 수 있는 방이 있습니다. 몇 층에 정하시기 원하십니까?

B 높이 올라갈수록 더 좋습니다.

A 잘 알겠습니다. 15층에서 보시면 특별히 좋은 경치를 보실 수 있는데 그걸 드리겠습니다.

B 그것 좋겠군요.

Words & Phrases

furnish [fəːrniʃ] 필요한 것을 공급하다, 주다, 필요한 물건을 설치하다
specially [spéʃəli] 특(별)히, 각별히, 모처럼, 특별한 방법으로
overlook [òuvərlúk] 내려다 보다, 내다 보다, 건너다 보다

Key Words

inn : 여인숙, 여관, 주막(tavern), (작은)호텔
motel : 자동차 여행자의 숙박소
motelier : 모텔경영자
hotel keeping : 호텔경영
the charge for a day : 하루 숙박비
jump one's hotel bills : 숙박비를 떼어먹다
a guest book, hotel register : 숙박부
register 《one's name》 in the hotel book : 숙박부에 올리다
accommodations : 숙박시설
a guest, a lodger : 숙박인
a boarder : 하숙의 숙박인
pay a hotel bill : 숙박료를 치르다
put up at, stay at : ～에 숙박하다
stay overnight : 하룻밤 묵다
put up [stay, stop, lodge] at an inn : 여관에 묵다
have a room facing south : 남향 방이 있다
vacant room, empty room : 빈 방
a sunny room : 볕이 잘 드는 방
show 《a person》 into a room : 방으로 모시다
reserve a room at a hotel : 방을 예약해두다, 지정해두다
reserve : 좌석·방 등 예약해두다, 지정하다, 확보해두다
vacate a room, leave a room : 방을 비우다
check-in : (호텔에서의) 투숙절차, 체크인(공항에서의 탑승수속)

check-out : 호텔의 계산(시간), 체크아웃, 방을 내어 줄 시각, (기계·비행 등의) 점검·검사, (슈퍼마켓 등에서의) 물건값 계산

check in : (호텔 등에) 기장하고 들다, 투숙하다, (공항에서) 탑승수속을 하다

check out : (호텔 등에서) 셈을 치르고 나오다. 체크아웃하다

check up : 조사하여 확인하다, 검토하다, 대조하다, …의 건강진단을 하다

check over : 틀림이 없는지 자세히 조사하다

room service : 룸서비스《호텔·하숙 등에서 방으로 식사를 날라다 주는》룸서비스계[과]《호텔 등의》

room clerk : (호텔의) 객실 담당원

lobby : 로비, (현관의) 홀《휴게실·응접실 등으로 사용되는》

lounge : 호텔 등의 로비, 사교실, 휴게실《여관 클럽 등의》, 긴 의자, 안락 의자

sightseeing bus : 관광버스

sightseeing hotel : 관광호텔

airly room : 통풍이 좋은 방

check one's baggage : 《미》짐을 맡기다

book [label] one's luggage : 《영》짐을 맡기다

Situation 33   Haircut (1)

I'll take you to a nearby barbershop.

C What's your plan for today?

B I've got to have my hair cut.
   What's your plan for today?

C What a coincidence!
   I'm going to have my hair cut, too.
   Have you ever been to a Korean barbershop?

B No, I haven't. This will be my first time to a Korean barbershop. What are they like?

C They're something like a beauty parlor.

B What do you mean?

C They give you the whole works: haircut, shave, shampoo, manicure, massage, and even shine your shoes.

B Sounds interesting.

C I'll take you to a nearby barbershop.

B Thank you.

이 발 (1)

가까운 이발소에 모시고 가겠습니다.

C 내일 무슨 계획이라도 있으십니까?

B 이발을 해야 합니다. 당신의 내일 계획은?

C 참 우연의 일치네! 나도 역시 이발을 할 예정입니다.
한국 이발소에 가보신 적이 있으십니까?

B 아니오. 못 가보았습니다. 이번이 한국 이발소에 처음인
셈입니다. 어떠한 곳입니까?

C 미장원과 같은 것들입니다.

B 무슨 뜻입니까?

C 모든 서비스를 해줍니다. 즉 이발, 면도, 샴푸, 매니큐어,
마사지 그리고 신까지도 닦아 줍니다.

B 흥미롭게 들립니다.

C 제가 근처에 있는 이발소에 모시고 가겠습니다.

B 감사합니다.

Words & Phrases

coincidence [kouínsidəns] (우연의) 일치, 부합, (일이) 동시에 일어남
beauty parlor [bjúːti páərlər] 미장원
nearby [níərbài] 가까운, 가까이로, 가까이에
shave [ʃeiv] 수염 등을 깎다, 면도하다, 대패질하다

Situation 34

Haircut (2)

I'll have it cut a little short.

C   Here we are.

A   You're very welcome to our barbershop.
You've come at a good time.
Please be seated over here.
What do you want done?

B   I think I'll have it cut a little short this time.

A   Shall I take some hair off the top?

B   Yes, Please do. And trim a lot off the back, too.

A   Very good, sir. Does that look all right?
Let me help you take a look with this mirror.

B   Yes, it's quite satisfactory.

A   Would you lie back? I'll shave you.
Your skin is rather delicate.

이 발 (2)

조금 짧게 깎아 주세요

C 다 왔습니다.

A 저희 이발소에 참 잘 오셨습니다.
한가한 때에 잘 오셨습니다. 이쪽으로 앉으시지요.
어떻게 해드릴까요?

B 이번엔 머리를 조금 짧게 깎을까 합니다.

A 윗머리도 좀 자를까요?

B 네, 그렇게 하세요. 그리고 뒷머리도 많이 잘라 주세요.

A 알았습니다. 마음에 들어 보입니까?
거울을 가지고 보시도록 도와드리겠습니다.

B 네, 아주 만족합니다.

A 뒤로 누우실까요? 면도를 해드리겠습니다.
피부가 약하시군요.

Words & Phrases

barbershop [báərbərʃàp] 이발소   mirror [mírər] 거울
satisfactory [sætisfǽktəri] 만족스러운, 더할 나위 없는, 충분한
rather [rǽðər] 약간, 차라리
delicate [délikət] 연약한(frail), 깨지기 쉬운, 섬세한, 고운(fine), 가냘픈

Situation 35

Haircut (3)

Do you part your hair on the left or on the right?

A Now, put your head down, and close your eyes. I'll shampoo you, sir.

B All right.

A You can open your eyes now.
   Do you want me to spray some bay rum?

B Yes, please. It smells very nice.
   What make is it?

A It's a ◯◯ Cosmetics.

B No wonder it smells good.

A Do you part your hair on the left or on the right?

B I part my hair on the left.

A Very good, sir. I'll finish off [up].

B Aha! I feel like a new man.

이 발 (3)

어느 쪽으로 머리를 가르십니까?

A 자, 머리를 숙이시고 눈을 감아 주십시오.
  머리를 감겨 드리겠습니다.

B 좋습니다.

A 자, 눈을 뜨시지요.
  머리 향수를 스프레이 해드릴까요?

B 네, 해주세요. 냄새가 대단히 좋군요.
  어느 회사 제품입니까?

A ○○ 화장품입니다.

B 어쩐지 냄새가 좋더라니.

A 어느 쪽으로 머리를 가르십니까?

B 나는 왼쪽으로 가릅니다.

A 잘 알겠습니다. 끝마무리를 하겠습니다.

B 야! 산뜻하군요.

Words & Phrases

spray [sprei] 물보라를 날리다, 흡입액을 뿌리다, 액 약제를 뿌리다
smell [smel] 냄새가 풍기다
part [pɑərt] 가리마 타다, 가르다

Situation 36

Haircut (4)

Please come and get a massage.

A Would you like a haircut?

B No, I just want a shave, a shampoo and a massage.

A Very good, sir.

B I've been told the service here is excellent.

A Yes, we give you the whole works.
   We have a few women shavers and masseuse.

B Sure enough.

A You'll get a massage as you lie back.
   I'll be through in no time.
   How do you feel?

B I feel good.

A When you get tired from your work, please come and get a massage.
   Massage comes first for a change, you know.

이 발 (4)

마사지 받으러 오십시오

A 이발하시겠습니까?

B 아니오, 그냥 면도, 샴푸, 마사지만 하려고 합니다.

A 알겠습니다. 선생님.

B 이 집 서비스가 최고라고 들어 왔습니다.

A 여자 면도사와 마사지사가 몇 명 있습니다. 저희는 모든 서비스를 해드립니다.

B 과연 그렇군요.

A 누우신 채로 마사지를 받으십시오.
곧 끝내드리겠습니다. 기분이 어떠십니까?

B 기분이 좋습니다.

A 일을 하셔서 피곤하실 때는 오셔서 마사지를 받아 보세요.
기분 전환에는 마사지가 최고입니다.

Words & Phrases

excellent [éksələnt] 우수한, 아주 훌륭한, 뛰어난
masseuse [mæsə́:z] 여성안마사
get a massage 마사지를 받다

Situation 37

Haircut (5)

How much do you charge for a shampoo?

B   How much do you charge for a shampoo?

A   5,000 won, sir.

B   If I get a massage?

A   Another 6,000 won.

B   Well, I'll get both-a shampoo and massage.

A   Very good, sir.
     We'll begin by giving you a shampoo.

B   All right.
     If I have time I'd like to get a manicure, too.
     How long will the whole works take?

A   It takes about 40 minutes.

B   Please take your time. I'm not in a hurry.

A   Please put your head down and close your eyes.
     I'll shampoo you.

B   All right.

이 발 (5)

머리 감는데 요금이 얼마입니까?

B 머리 감는데 요금을 얼마 받으십니까?

A 5천원입니다.

B 마사지까지 하면요?

A 별도로 6천원 더 받습니다.

B 그럼 두 가지 다 하겠습니다.

A 잘 알겠습니다, 손님. 머리부터 감으시지요.

B 좋습니다. 시간이 있으면 매니큐어도 하고 싶습니다.
다 마치는데 시간이 얼마나 걸릴까요?

A 약 40분 걸립니다.

B 천천히 하세요. 바쁘지 않습니다.

A 머리를 숙이시고 눈을 감아주세요.
머리를 감겨 드리겠습니다.

B 좋습니다.

Words & Phrases

hurry [hə́:ri] 서두름, 급함, 조급, 열망
manicure [mǽnəkjùər] 매니큐어, 미조술
manifest [mǽnəfèst] 일목요연한, 명백한, 분명히 나타난

 **Key Words & Expressions**

part one's hair : 머리를 가르다
let one's hair grow long : 머리를 기르다
have one's hair cut, get a haircut : 머리를 깎다
comb one's hair : 머리를 빗다 = tidy up one's hair
wash one's hair, have a shampoo : 머리 감다
a head kerchief : 머릿수건
one's hair turns gray : 머리털이 세다
a white hair : 흰머리 = a grey hair = a grey head
a coarse [thick] hair : 굵은 머리
have a white hair pulled out : 흰머리를 뽑다
a hair dye : 머리 염색
hairdye : 염색약 = hair color
hair drier [dryer] : 헤어드라이어(blower)
hair-care : 머리 손질
haircutter : 이발사, 이용사, 이발관
haircutting : 이발[조발]업 a. 조발의
hair implant : 인공 식모(술, 법)
hairless : 털[머리털]이 없는
hairologist : 모발전문 미용사, 모발전문가 [치료가]
hair-restorer : 양모제, 발모제
hair cream : 머릿기름
hair spray : 헤어스프레이
hairstyling : 미용[이발]업

hair transplant : 모발이식(술·법)

electric razor : 전기면도기

a freshly-shaved face : 갓 면도한 얼굴

a clean-shaven face : 깨끗이 면도한 얼굴

a beard : 턱 수염

whiskers : 구레나룻

sideburns : 짧은 구레나루

a baldhead, a bald-headed person, a bald pate : 대머리

crew cut : 상고머리

curly head : 고수머리[사람]

1. Have one's hair cut short. 머리를 짧게 깎다.
2. Crop one's hair short. 짧게 깎다.
3. I have no special choice. 어떤 형이 좋은지 모르겠소.
4. Please do any hairstyle you think good.
   좋다고 생각되는 헤어스타일로 하세요.
5. Pull out a white hair. 흰머리를 뽑다.
6. Give me a shave, please. 수염을 깎아주십시오.

Situation 38 — At a beauty parlour (1)

I just had a shampoo at home.

A Can I help you, ma'am?

B Yes, I want to have my hair cut.

A Very good, ma'am. There's a place open. Please put on a gown in here.

B Sure. I just had a shampoo at home.

A Then, we'll just wet your hair. Now, please have a seat here.

B O.K.

미장원에서 (1)

방금 집에서 머리를 감고 왔습니다.

A 도와드릴까요, 부인?

B 네, 머리 커트를 하고 싶습니다.

A 알았습니다. 자리 난 것이 있습니다.
 이 안에서 가운을 입으세요.

B 그러죠. 집에서 방금 샴푸하고 왔어요.

A 그러시면 머리를 적시기만 하겠습니다.
 자, 이 자리에 앉으세요.

B 네, 좋아요.

Words & Phrases

a place open 난 자리, 빈 좌석
place [pleis] (정해진)자리, 좌석
only just 가까스로, 겨우, 간신히

Situation 39

At a beauty parlour (2)

They say I have an unerring eye.

A How long do you want to keep your hair?

B I want a medium cut.

A I think that would be just right for you.

B You have an eye for character.

A Thank you, ma'am.
   We have many customers here.
   They say I have an unerring eye.
   What side do you part your hair on?

B In the middle.

미장원에서 (2)

사람들은 제 눈이 정확하다고 합니다.

A 머리를 얼마만큼 길게 하고 싶으십니까?

B 중간 길이 커트로 하고 싶어요.

A 제 생각에도 그 길이가 부인께 꼭 맞을 것 같습니다.

B 사람 보는 눈이 있으시군요.

A 감사합니다. 부인. 저희는 고객이 많습니다.
　그 분들이 제가 틀림없는 눈을 가지고 있다고 합니다.
　(사람들은 제 눈이 정확하다고 합니다)
　어느 쪽으로 가르마를 타십니까?

B 가운데로 탑니다.

Words & Phrases

medium [míːdiəm] 중위, 중간
character [kǽrəktər] 물건의 특성, 특질, 특색, 개인 · 국민의 성격, 성질
customer [kʌ́stəmər] 고객, 단골, 거래처
unerring [ʌnə́ːrɪŋ] 틀리지 않는, 잘못이 없는, 정확한

Situation 40

At a beauty parlour (3)

You've done an excellent job.

A Do you want a facial massage?

B Yes, I always get a facial massage.
It's so refreshing, you know.

A Do you want to have your nails polished, too?

B No, thank you.
I'm always working with my hands.

A Oh, you are. I've finished up, ma'am.

B You've done an excellent job. Thank you.

A Thank you, ma'am. Please come again.

미장원에서 (3)

마음에 쏙 들게 참 잘했습니다.

A 얼굴 마사지를 하시겠습니까?

B 네, 나는 늘 얼굴 마사지를 받습니다.
아주 기분이 상쾌해서요.

A 손톱도 닦으십니까?

B 아니오. 놔두세요.
저는 늘 손으로 일을 하고 있습니다.

A 아, 그러시군요. 다 됐습니다. 부인

B 마음에 들게 참 잘하셨습니다. 고마워요.

A 감사합니다, 부인. 또 오세요.

Words & Phrases

facial [féiʃəl] 얼굴 마사지, 미안술
get a facial massage 얼굴 마사지를 받다
refreshing [rifréʃiŋ] 상쾌한, 산뜻한, 산뜻하게 하는, 가슴이 후련한
polish [páliʃ] 닦다, 갈다, 윤내다

Situation 41

At a beauty parlour (4)

Is there a place open?

B   Is there a place open?

A   Yes. Please be seated over here, ma'am. Do you want a permanent?

B   Yes.

A   Please put on a gown in here.

B   O.K.

A   Do you want a shampoo?

B   Yes, please.

A   Alright I'll give you a shampoo, and after your hair has been thoroughly dried, I'll do your hair. Are you in a hurry?

B   No, take your time, please.

미장원에서 (4)

자리 난 것이 있습니까?

B 자리 난 것이 있습니까?

A 네, 이쪽에 오셔서 앉으시지요.
파마하시겠습니까?

B 네.

A 이 안에서 가운을 입으시죠.

B 그러죠.

A 샴푸를 하시겠습니까?

B 네. 부탁해요.

A 알았습니다. 샴푸를 해드리고 머리가 완전히 마른 다음에 파마 해드리겠습니다. 급하십니까?

B 아니오. 천천히 해도 돼요.

Words & Phrases

thoroughly [θə́:rouli] 완전히, 철저히(completely), 순전히
dry [drai] 마른, 말린, 물기가 없는
take··· time = take one's (own) time 천천히 하다

Situation 42

At a beauty parlour (5)

Our place is unexpectedly crowded today.

B When can you attend to me?

A I'm sorry to have kept you waiting.
We'll attend to you soon.
Our place is unexpectedly crowded today.
There's a place open now and we're ready for you.
How would you like to have your hair done?

B I want have it done in the upsweep.
I notice it's getting popular.

A Very good, ma'am.

미장원에서 (5)

저희 집에 오늘 예상외로 손님이 많이 오셨습니다.

B   나를 언제 해줄 수 있지요?

A   기다리게 해서 미안합니다.
     곧 해드리겠습니다.
     저희 미장원에 손님이 예상외로 많이 오셨습니다.
     저기 자리가 났습니다. 해드리죠.
     어떻게 해드리면 좋으시겠습니까?

B   치켜 빗어 올린 머리형으로 해주세요.
     그 형이 점점 유행하고 있던데요.

A   알겠습니다. 부인.

Words & Phrases

attend [əténd] 돌보다, 수행하다, 간호하다, 시중들다, 동행하다
soon [suːn] 곧, 이내, 잠시 후, 쉽게, 머지 않아
unexpected [ʌnikspéktidli] 뜻밖에, 예상외로, 갑자기, 돌연
crowded [kráudid] 붐비는, 혼잡한, 만원의
upsweep [ʌ́pswiːp] 치켜 빗어 올린 머리형
notice [nóutis] 알아채다, 인지하다, 주의하다, 주목하다

Situation 43 — At a drugstore (1)

My eyes are fatigued.

B My eyes are fatigued from [with] working.

A Can I take a look?
    I don't think it's serious.

B What's a good remedy for it?

A Please try this eyewash.
    This will bring quick relief to tired eyes.

B Are you sure this will soon give me a restful, soothing sensation after I've put a few drops in my eyes?

A I bet that will.

약국에서 (1)

눈이 피곤합니다.

B 일을 해서 눈이 피곤합니다.

A 한번 볼까요? 심하진 않습니다.

B 좋은 치료 방법이 무엇입니까?

A 이 안약을 써보세요.
　 이 약은 지친 눈에 신속한 안정을 시켜줍니다.

B 내가 몇 방울을 눈에 넣고 나면 곧 편안해지고 누구러질 거라고 확신하십니까?

A 틀림없습니다.

Words & Phrases

fatigue [fətí:g] 피곤하게 하다, 약화시키다
serious [síəriəs] 진지한, 진담의, 진정의, 농담 아닌, 심각한, 증대한
remedy [rémədi] 요법, 치료, 의료, 구제책, 교정 법
eyewash [áiwɔː∫] 안약, 세안수
relief [rilí:f] 고통・걱정・곤궁 등의 제거, 경감, 안심, 구조, 구원, 기분전환
restful [résrfəl] 편안한, 평온한, 고요한, 한적한
sensation [senséi∫ən] 감정, 기분, 느낌
soothing [sú:ðiŋ] 누구러 뜨리는, 달래는, 위로하는, 진정하는

Situation 44 — At a drugstore (2)

I have a bad cold.

A What's the trouble?

B I have a bad cold and I feel listless.

A Please try this drug, and you'll feel much better.

B I hope this will bring quick relief.

A I bet that will.

B What's an ideal remedy for sore throats?

A Why don't you try this medicinal water?

B I hope this will relieve my throat.

A I bet that will.

약국에서 (2)

독감에 걸렸습니다.

A 어디가 아프십니까?

B 독감에 걸려서 맥이 풀리고 나른합니다.

A 이 약을 써 보시면 훨씬 차도가 있으실 겁니다.

B 이 약 먹고 금방 좀 안정 됐으면 좋겠어요.

A 틀림없을 겁니다.

B 인후가 아픈데 가장 이성적인 치료법은 무엇입니까?

A 이 약물을 써 보세요.

B 이 약으로 목이 아프지 않았으면 좋겠어요.

A 틀림없을 겁니다.

Words & Phrases

trouble [trʌ́bl] 탈, 병, 근심, 걱정, 고뇌, 괴로움, 곤란
listless [lístlis] 맥풀린, 나른한, 마음이 내키지 않는
drug [drʌg] 약, 약제, 약품, 마약, 마취제
sore [sɔər] (염증, 상처 등이) 조금만 닿아도 아픈, 쓰린, 쑤시는, 염증을 일으킨
throat [θrout] 목구멍, 인후, 목소리, 특히 새 들의 울음소리
sore thróats 인후염
gargle [gáərgl] 양치질하다, 양치질, 양치질 약
relieve [rilíːv] (고통, 중압 등을) 경감하다, 덜다, 녹이다, 안도케 하다
medicinal [midísənl] 약으로 쓰이는, 약의, 의약의, 약효있는

Situation 45

At a drugstore (3)

Let her try this vitamin E.

B Do you carry vitamins?

A Yes, we do.

B What kind of vitamin is good for a pregnant woman? They're for my wife.

A In that case, let her try this vitamin E. Pregnant women usually take vitamin E by way of prevention of miscarriage, sterility and muscle atrophy.

B Say. That's wonderful. I'll take it.

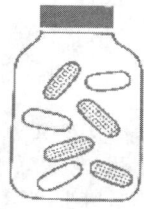

약국에서 (3)

비타민 E를 드시도록 하세요

B 비타민을 취급하십니까?

A 네, 그렇습니다.

B 임신부에게는 무슨 비타민이 좋습니까?
부인에게 쓸 겁니다.

A 사정이 그러시면 부인에게 비타민 E를 드시도록 하세요. 임신부들이 보통 유산, 불임증, 근육위축을 방지하기 위하여[예방법으로서] 비타민 E를 복용합니다.

B 야―, 그거 참 좋군요. 그걸로 주십시오.

Words & Phrases

pregnant [prégnənt] 임신한, 충만한, 가득 채워진
usually [júːʒuəli] 보통, 늘, 일반적으로, 대개, 평소에(는), 통상적으로
prevention [privénʃən] 예방, 방지, 저지, 방해, 막음
miscarriage [miskǽridʒ] (자연) 유산
sterility [stəríləti] 불임(증), 불모, 무효, 무 결과, 내용의 빈약
muscle atrophy [mʌ́sl ǽtrəfi] (영양부족 등에서 오는) 근육위축(증)

Key Words

preparation of medicines : 조제
fill [make up] a prescription : 처방에 따라 조제하다
have the prescription filled : 조제시키다
pharmacy : 조제법, 조제술, 제약업, 약국, 약종상, 병원의 약국
bandage a hand : 손에 붕대를 하다
bandage a cut finger : 벤 손가락을 붕대로 감다
intestinal flu : 설사를 일으키는 유행성 감기
a doctor of pharmacy : 약학박사
a dispensary : 조제실
a gastroenteric disorder [trouble] : 위장병
a mixture = a preparation : 조제약
bandage : 붕대 　　　　boracic acid : 붕산
alcohol : 알코올 　　　insulin : 인슐린
intestinal medicine : 위장약　ointment : 연고
a medicine for the stomach and bowels : 위장약
a patch, sticking-plaster : 고약
a paregoric : 소아용 설사약
binding medicine, a diarrhea remedy : 설사약
absorbent cotton, sanitary cotton : 탈지면
sleeping drug [pill], a narcotic : 수면제
a fever remedy, an antifebric : 해열제
a digestive, a digester : 소화제
tranquilizer : 진정제 = a sedative

digestive enzymes : 소화효소

a purgative a laxative : 하제(완화제)

poison, poisonous drug [medicine] : 독약

narcotic, an anesthetic : 마취약

a pain-killer an anodyne, emollient : 진통제

a stimulant, an excitant, an exciter : 흥분제

apply an antidote to : 해독제를 쓰다

come [wake up] out of the ether : 마취에서 깨어나다

feel pains, have labor pains : 진통을 느끼다

be in labor [travail] : 진통을 일으키고 있다

take [administer] a stimulant : 흥분제를 복용하다

restorative : 강장제, 의식 회복 약, 건강, 원기, 회복, 약제, 음식물

insomnia : 불면증   sedation : 진정작용

digest [well / poorly] : 소화가 잘 [되다/ 안 되다]

a remedy [medicine] for colds : 감기 약 = cold cure

influenza : 유행성 감기

a cold in the head [nose] : 코감기

have loose bowel movement : 설사하다

be inoculated [injected] against typhus : 티부스의 예방주사를 맞다

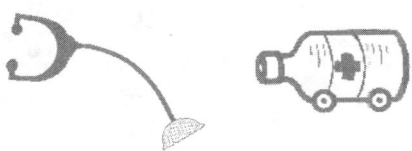

Situation 46 — At a jewelry store (1)

I'll show you what we have.

B   I want to buy a pearl necklace as a souvenir on a visit to Korea.

A   I'll show you what we have.
These are natural pearls and these are cultured pearls. We have both kinds, ma'am.

B   These look very much the same.

A   Yes, they both look about the same.

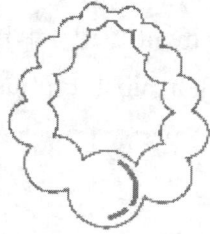

보석상에서 (1)

저희 물건을 보여 드리겠습니다.

B 한국 방문 중에 기념으로 진주 목걸이를 사고 싶습니다.

A 저희가 가지고 있는 것들을 보여드리겠습니다.
이것들은 진주 목걸이이고, 이것들은 양식진주들입니다.
두 가지 다 있습니다. 부인.

B 이것들은 아주 꼭 같게 보이네요.

A 네, 양쪽 다 거의 같은 것 같이 보입니다.

Words & Phrases

pearl necklace [pə:rl néklis] 진주 목걸이
souvenir [sú:vəniər] 기념품, 선물, 추억의 유품
natural pearls [nætʃərəl pə:rlz] 천연진주
cultured pearls [kʌ́ltʃərd pə:lz] 양식진주

Situation 47 — At a jewelry store (2)

I can't spot the difference?

B Not being an expert, I can't spot the difference right away. How do you usually appraise the value?

A Experts usually appraise it by the shape, color, luster, size, and by the way in which they are matched.

B How much is this string?

A Actually, some cultured pearls have equal luster and are just as beautiful, you know.
It's only 200 dollars.

보석상에서 (2)

다른 점을 발견할 수 없습니다.

B 전문가가 아니기 때문에 당장 차이점을 구분[발견]할 수 없군요. 보통 어떻게 가치를 감정하십니까?

A 전문가들은 보통 모양, 색깔, 광택, 크기 그리고 그것들이 조화를 이루는 양식에 의해서 감정합니다.

B 이 줄은 얼마죠?

A 실제로 양식진주도 똑같은 광택이 나고 아시다시피, 꼭 같이 아름다운 것도 있습니다.
가격은 불과, 200달러입니다.

Words & Phrases

spot [spɑt] 발견하다, 알아채다, 분별[분간]하다
difference [dífərəns] 차이점, 차이, 다름, 상위
appraise [əpréiz] 물건·재산을 값 매기다, 감정하다, 견적하다
value [vǽljuː] 가치, 값어치, 진가, 유용성, 평가
expert [ékspəːrt] 전문가, 숙련가, 명수, 노련한 사람
luster [lʌ́stər] 광택, 윤, 광채, 빛남, 영광
string [striŋ] 끈, 줄, 실 한 줄 끈으로 꿴 것, 염주 알처럼 꿴 것
actually [ǽktʃuəli] 실지로, 실제로, 사실은, 실은, 현시점에서, 현재
equal [íːkwəl] 같은, 동등한, 감당하는

Situation 48

At a jewelry store (3)

Don't you think it's very attractive?

A   Before you rush off, would you see some rings we have, ma'am.

B   What kind of gem are they?

A   They are diamond and opal rings, ma'am.

B   I've had a diamond ring for over 15 years.

A   Oh, you have.
       Then how about this opal ring?
       Don't you think it's very attractive?
       Would you try it on?

B   I'm tempted to buy it.

보석상에서 (3)

근사하지 않습니까?

A   가시기 전에, 저희 반지 몇 개 보시지 않으시겠습니까, 부인?

B   무슨 보석 반지인데요?

A   다이아몬드와 오팔 반지입니다.

B   다이아몬드는 15년간 가지고 있습니다.

A   아, 그러시군요. 그러면 이 오팔 반지는 어떻습니까?
    근사하지 않습니까?
    한 번 끼어 보시지 않으시겠습니까?

B   사고 싶어요.

Words & Phrases

gem [ʤem] 보석, 보옥(jewel), 지보, 일품
diamond [dáiəmənd] 다이아몬드, 금강석, 마름모꼴
opal [óupəl] 오팔, 단백석(석영과 같은 바탕의 젖빛 또는 담황색의 돌)
attractive [ətrǽktiv] 사람의 마음을 끄는, 눈에 뜨이는, 흥미를 돋우는
tempt [tempt] 유혹하다, 꾀다, 부추기다

Situation 49

At a jewelry store (4)

Please take it on your way to Korea.

A As you've bought a necklace here, we can give you better price.

B Well. I remember my husband telling me that he would buy me an opal ring.

A You do. What a coincidence!
I noticed (that) you liked it.
You'll never regret it if you buy.
Please take it on your way here [to Korea].

B All right I'll take it.

A Thank you, ma'am.
Like I just said, we'll give you better price.

보석상에서 (4)

한국에 오신 김에 구입해 가십시오

A 저희 집에서 목걸이를 사셨기 때문에 값을 잘해 드리겠습니다.

B 그러세요. 남편이 저에게 오팔반지를 사주겠다고 말했던 것이 기억나네요.

A 그러시군요. 참 우연의 일치군요!
반지가 마음에 들어 하시던데요.
사 가셔도 절대로 후회는 안 하실 겁니다.
저희 집에 [한국에] 오신 김에 구입하시죠.

B 좋아요. 사겠어요.

A 감사합니다. 부인.
방금 말씀드린 것처럼, 값을 잘해 드리겠습니다.

Words & Phrases

remember [rimémbər] 기억나다, 생각해내다, 상기하다, 기억하고 있다
coincidence [kouínsidəns] 우연의 일치, 일이 동시에 일어남, 동시발생
notice [nóutis] 알아채다, 인지하다

Key Words

a lapidary : 보석공　　　　　jewelry : 보석류, 보석세공
engraver 조각사, 조판공　　　engraving : 조각(술), 조판술
a jewel(l)er's (store) : 보석가게
gem cutting : 보석 기술, 보석연마(술)
monogram : 결합문자보석(성명 첫 글자 등을 짜맞춘)
jewel box [case] : 보석함, 보석상자
jeweler, jeweller : 보석세공인, 보석상인, 귀금속상인
engrave : 금속, 돌등에 문자 도안 등을 새기다
brooch : 브로치　　　　　　bracelet : 팔지
an engagement ring : 약혼반지
a wedding ring : 결혼반지
an imitation, a sham : 가짜모조품
an imitation stone : 가짜보석
a forgery, a counterfeit, a bogus phoney : 《미속》 위조품
the art of plating : 도금술　　plated ware : 도금제품
gold : 황금, 금의　　　　　　goldsmith : 금세공인
golden earrings : 금 귀걸이
a gold-plate ring : 금으로 도금한 반지
a plated spoon : 도금한 숟가락
gilding, gold plating : 금도금 = electroplating, electric gilding
a jewel, a gem : 보석
imitation stone : 가짜보석　　artificial stone : 인공보석
jeweled ring, a ring set with jewels : 보석반지
convexity : 철면보석(불룩한 모양) = cameo(凸) 철
intaglio : 요조보석(파고 박은 보석) = 凹 요
agateware : 마노 무늬의 도기, 법랑칠기

agate : 마노 agate jasper : 마노벽옥
amber : 호박 amberoid : 인조호박
crystal : 수정, 수정제품[세공]
amethyst : 자수정, 자석영, 자주색(purple)
Oriental amethyst : 동양 자수정《자주빛의 강옥석》
carbuncle : 홍옥, 홍수정, 꼭대기를 둥글게 간 석류석
acquamarine : 남옥, 남록색 bloodstone : 혈석, 혈옥수
carnelian : 홍옥수(cornelian)
corallite : 산호석, 화석산호, 홍산호 빛, 산호질의 더리석
coral : 산호, 산호빛, 산호세공품
diamond : 다이아몬드 cat's-eye : 묘안석
emerald : 에메랄드, 취옥, 밝은 초록색, 에메랄드색
jargoon : 지르콘(zircon)의 변종
zircon : 지르콘 topaz : 황옥
opal : 오팔, 단백석 moonstone : 월광석
garnet : 석류석, 진홍색, 가넷 jadeite : 광옥
nephrite : 연옥 jasper : 벽옥
jet : 흑옥(탄), 패갈탄, 흑옥색, 칠흑
birthstone : 탄생석(태어난 달을 상징하는 보석)
ruby : 루비, 홍옥, 루비색, 진홍색, 빨간 여드름, 빨간 포도주
sapphire : 사파이어, 청옥, 사파이어 빛, 유리 빛
onyx : 줄무늬가 있는 마노
sardonyx : 붉은 줄무늬가 있는 마노, 진홍색, cameo 세공용
false [common] topaz : 황수정

Situation 50 — At a souvenir store (1)

What's this called?

A Come right in, please. Can I help you?

B Yes, I'd like to see what you have.

A Please feel free to look. We have many kinds. I hope you'll find something you like.

B What's this called?

A It's called "imgumnim gwa wanghu" that means "a king and his esteemed queen."

B It's very attractive. How much is it?

A It's 90 dollars.

선물가게에서 (1)

이거 뭐라고 하는 거지요?

A 어서 오세요. 도와드릴까요?

B 네, 가지고 계신 물건들을 구경할까요.

A 부담 갖지 마시고 구경하세요. 여러 가지가 있습니다.
   마음에 드시는 것이 있기를 바랍니다.

B 이거 뭐라고 하는 거지요?

A "임금님과 왕후"라고 하는데 왕과 그의 존경하는 왕비란 뜻입니다.

B 대단히 마음을 끄네요. 얼마입니까?

A 90달러입니다.

Words & Phrases

mean [miːn] …의 뜻으로 말하다, 의미하다
esteem [istíːm] (사람을) 존경[존중]하다, (물건을) 중하게 여기다
attractive [ətrǽktiv] 사람의 마음을 끄는, 눈에 뜨이는, 흥미를 돋우는

Situation 51

At a souvenir store (2)

Where do you want us to send it?

A How would you like us to pack the doll?

B Could you put it in a special wooden box and send it to the States for me?

A Sure. Where do you want us to send it?

B Please ship to this address.
Will the postage be extra?

A Yes, it's about 5 dollars. There's also extra charge of 5 dollars for packing.

B All right how much altogether.

A 100 dollars, sir.

B Here you are.

선물가게에서 (2)

어디로 보내 드릴까요?

A 인형을 어떻게 포장해 드릴까요?

B 특별한 나무상자에 넣어 저 대신 미국에 보내주실 수 있습니까?

A 보내드리고 말고요. 어디로 보내기 원하십니까?

B 이 주소로 보내주세요. 우송료는 별도로 받습니까?

A 네, 약 5달러입니다.
포장비로 5달러를 별도로 내셔야 합니다.

B 좋아요. 모두 얼마죠?

A 100달러입니다. 선생님.

B 여기 있습니다.

Words & Phrases

pack [pæk] 포장하다, 짐을 꾸리다, 싸다, 묶다
ship [ʃip] (기차, 트럭 등으로) 보내다, 배에 싣다, 배로 보내다(나르다)
address [ədrés] 수신인 주소, 편지나 소포의 겉봉주소, 사무능력, (좋은)솜씨
postage [póustidʒ] 우편요금
extra [èksrə] 별도 계산의
altogether [ɔ:ltəgéðər] 다 합하여, 총례로, 전체로서

Situation 52

At a souvenir store (3)

Here's one that very popular.

A Good afternoon, sir.

B Good afternoon.
   I want to see some wooden doll.

A Oh, you do. We have many kinds. Here's one that is very popular among foreign buyers.

B What is it called?

A It's called "jangseung" that means "village guardian angel."

B I see. It's very interesting.
   How much is it?

A 100 dollars, sir.

B I'll take it. Please gift-wrap it. Here you are.

A Thank you very much. No charge for case. Good-bye.

선물가게에서 (3)

대단히 인기 있는 것이 있습니다.

A 안녕하세요, 선생님.

B 안녕하세요. 목조 인형을 좀 구경하고 싶습니다.

A 아, 그러시군요. 여러 가지가 있습니다.
여기 많은 외국인들 사이에 대단히 인기 있는 것이 있습니다.

B 그것 뭐라고 하는 거지요?

A "장승"이라고 하는 것인데 "마을의 수호신"이란 뜻입니다.

B 그렇군요. 대단히 흥미롭습니다. 얼마입니까?

A 100달러입니다. 선생님.

B 사겠습니다. 선물용으로 싸 주세요. 여기 있습니다.

A 대단히 감사합니다. 상자 값은 안 받습니다. 안녕히 가십시오.

Words & Phrases

wooden doll 나무로 만든 인형
popular [pápjulər] 인기 있는, 평판이 좋은, 대중적인, 인망 있는
among [əmʌ́ŋ] …의 사이에, …의 가운데서, …에 둘러싸여
village [vílidʒ] 마을, 촌락
guardian [gáərdiən] 보호자, 수호자, 감시인, 보관인
angel [éindʒəl] 천사, 하느님의 사자, 수호신, 천사 같은 사람

Situation 53 — At a souvenir store (4)

Please pick out what you like.

A   Can I help you, ma'am?

B   Yes, I'd like to see some tapestries.

A   We have some very nice tapestries here.
    Please pick out what you like.

B   Do you have a tapestry with a picture of the Korean country woven on it?

A   Yes, I'll show you some.
    How about this one here.

B   I don't think I like it. Show me another.

A   This is the best one we have.

B   I like it very much. I'll take it.

선물가게에서 (4)

마음에 드는 것을 고르세요

A 도와드릴까요?

B 네, 벽걸이 융단을 구경하고 싶습니다.

A 여기 대단히 훌륭한 융단이 있습니다.
마음에 드시는 것을 고르세요.

B 한국의 시골 풍경이 짜여져 있는 벽걸이 융단이 있습니까?

A 네, 몇 개 보여드리겠습니다.
여기 이것은 어떨까요.

B 마음에 안 드는군요. 다른 것을 보여주세요.

A 이것이 저희 상점에서 제일 좋은 것입니다.

B 무척 마음에 드는군요. 주세요.

Words & Phrases

tapestry [tǽpistri] 태피스트리, 벽걸이 융단
show me another 다른 것을 보여주다
woven [wóuvən] weave 「짜다」의 과거분사

Situation 54 — At a curio store (1)

How much do you charge for packing and sending?

A Good afternoon, sir.

B Good afternoon. I'd like to see some curios.

A We have a wide assortment of articles.
   What type of curio would you like?

B Well, to tell you the truth, I'm not a curioso.
   My wife back home just wanted me to buy a few cloisonnes on a visit to Korea.

A Oh, she did.
   In that case, personally I would recommend these ones here.

B How much do you charge for packing and sending?

A 10dollars, sir.

B Here you are. Send them to this address as soon as possible.

골동품 상점에서 (1)

포장해서 보내는데 얼마 받습니까?

A 안녕하십니까? 선생님.

B 안녕하세요. 골동품을 보고 싶습니다.

A 여러 가지 물건이 갖추어져 있습니다.
어떤 형의 골동품을 원하십니까?

B 글쎄요. 실은 나는 골동품 수집가가 아닙니다.
미국에 있는 부인이 한국 방문 중에 칠보자기를 몇 개 사오라고 했을 뿐입니다.

A 아, 그러셨군요. 사정이 그러시면 개인적으로 여기 이것들을 권하고 싶습니다.

B 포장해서 보내는데 얼마를 받으십니까?

A 10달러입니다.

B 여기 있습니다. 이 주소로 가능한 한 빨리 보내주세요.

Words & Phrases

curio [kjúəriòu] 골동품
wide [waid] 비유적으로 넓은, 폭이 넓은, 폭이 …인
assortment [əsɔ́ərtmənt] 구색을 갖춘 것, 갖추어 한데 넣은 것
article [άərtikl] 물품, 물건, 품목 cloisonne [klɔizənéi] 칠보자기(의)
curioso [kjuərióusou] 골동품 수집가, 미술품 애호[감식]가
personally [pəːrsənəli] 개인적으로, 하나의 인간으로서, 몸소, 친히, 직접

Situation 55

At a curio store (2)

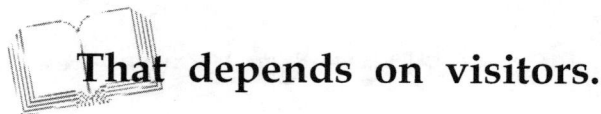 **That depends on visitors.**

A   Welcome to our store.

B   Thank you. I just want to look around.

A   I hope you'll find something you like.

B   You have many kinds, don't you?

A   Thank you.

B   Well, what do foreign visitors seem to take particular delight in buying here?

A   That depends on visitors.
Some visitors are buying folding-screens others are buying hangings or porcelain wares.

골동품 상점에서 (2)

손님에 달려있습니다.

A 저희 상점에 오신 것을 환영합니다.

B 감사합니다. 그냥 구경하고 싶습니다.

A 마음에 드시는 것을 찾을 수 있기 바랍니다.

B 여러 가지를 팔고 계시군요.

A 감사합니다.

B 저―, 외국인 손님들이 여기서 특별히 무엇을 즐겨 사가는 것 같습니까?

A 손님에 달려있습니다. 병풍을 사가는 사람이 있는가 하면 족자나 또는 자기제품을 사가는 사람도 있습니다.

Words & Phrases

particular [pərtíkjulər] 특별한, 특수한, 특정한
delight [diláit] 기쁨, 즐거움, 환희
depend [dipénd] …나름이다, …에 달려있다
visitor [vízitər] 손님, 내방객, 방문객, 방문자
hangings [hǽŋiŋ] 족자, 발, 거는 물건, 커튼, 벽걸이
porcelain wares 자기 제품[상품]

Situation 56

At a curio store (3)

Casting greedy eyes on it

B I'm particularly interested in folding screens.

A Oh, you are. I'll show you some here.
   As you see, of these this one here is very attractive.

B It's a gilt folding-screen, isn't it?

A Yes, it is. Many foreign visitors here are casting greedy eyes on it.

B I can imagine. Could you spread it out so (that) I can see it all [in whole]?

A Sure. How do you like it?

B I like it very much. I'll take it.

골동품 상점에서 (3)

모두 탐을 냅니다.

B 나는 병풍에 특히 흥미가 있습니다.

A 아, 그러시군요. 여기 몇 개 보여드리겠습니다.
   이것들 중에 보시다시피 여기 이것이 근사합니다.

B 금을 칠한 병풍이군요.

A 네, 그렇습니다. 여기 찾아오는 많은 외국인 손님들이 탐내는 눈으로 보십니다.

B 알만 합니다. 내가 죄다[전부] 볼 수 있도록 쫙 펴 보시겠습니까?

A 그러구 말구요. 어떻게 생각합니까?

B 무척 마음에 듭니다. 사겠습니다.

Words & Phrases

particularly [pərtíkjulərli] 특히, 각별히, 두드러지게
attractive [ətrǽktiv] 근사한, 사람의 마음을 끄는, 눈에 뜨이는, 흥미를 돋우는
foreign [fɔ́:rin] 외국의, 외국에 있는, 외국 풍의, 대외적인, 외국산의, 외국행의
cast [kæst] 눈·시선을 던지다, 향하다
greedy [grí:di] 몹시 탐내는, 욕심 많은, 탐욕스러운, 갈망·열망하는
imagine [imǽdʒin] 상상하다, 생각하다, 미루어 생각하다, 추측하다

Situation 57

At a curio store (4)

Do you allow any discount on cash?

B   I'm just looking around.

A   Please take your time. You're welcome to look. In the category of curios, what item comes first into your mind?

B   Koryo celadon comes first to my mind.

A   I thought you would say that.

B   How much are these hangings here?

A   10 dollars.

B   Do you allow any discount on cash? I'll take 10 hangings.

A   We can give you 10% discount.

B   Do you make a reduction on a big order?

A   Yes, we make a reduction on a big order.

골동품 상점에서 (4)

현금을 내면 할인이 됩니까?

B 그냥 구경하고 있습니다.

A 천천히 구경하십시오. 마음대로 보셔도 좋습니다.
골동품 중에서 어떤 것이 맨 먼저 머리에 떠오르십니까?

B 고려 청자가 먼저 머리에 떠오릅니다.

A 그 말씀하실 줄 알았습니다.

B 이 족자들은 값이 얼마입니까?

A 10달러입니다.

B 현금을 내면 할인이 됩니까? 족자 10개를 쓰겠어요.

A 10% 할인해 드립니다.

B 대량주문에는 할인해 줍니까?

A 네, 대량주문에 할인해 드립니다.

Words & Phrases

category [kǽtəgɔ̀ri] 범주, 종류, 분류, 부문
celadon [sélədàn] 청자, 청자색, 회록색, 회청색, 청자색의
give(allow) a discount 《on》 할인을 하다

Situation 58 — At a flower shop (1)

I'd like a basket of assorted flowers.

A   Can I help you, sir?

B   Yes, I'd like a basket of assorted flowers.

A   How about these over here?
    I'll bet (you) that these will add a bright and cheery air to your room.

B   How long do they last?

A   They'll last at least 40days.

B   How much are they?

A   12dollars.

꽃가게에서 (1)

구색을 갖춘 꽃바구니를 원합니다.

A 도와드릴까요?

B 네, 다양한 꽃으로 구색을 갖춰 만든 꽤 큰 바구니꽃을 원합니다.

A 여기에 이것들이 어떨까요?
이 꽃 때문에 선생님 방에 환하고 기분 좋은 공기가 더해질 것으로 생각합니다.

B 꽃들이 오래 갈까요?

A 적어도 40일은 갈 것입니다.

B 얼마입니까?

A 12달러입니다.

Words & Phrases

basket [bǽskit] 바구니, 광주리, 바구니 모양의 것, 바구니에 넣다
assorted [əsɔ́ərtid] (상자 등에) 구색을 갖추어 한데 넣은, 분류된, 구분된
add [æd] 더하다, 보태다, 추가하다, 포함시키다, 부언하다, 덧붙여 말하다
bright [brait] 밝은, 명랑한, 생기 있는
cheery [tʃíəri] 기분 좋은, 명랑한(merry), 원기 있는(lively)

Situation 59

At a flower shop (2)

What's this full-blown flower?

B   What a flower shop!

A   Thank you. As you see we're handling so many flowers. In fact, it's quite a job because there're just too many.

B   I can imagine.

A   The flowers sold here are gorgeous, you know.

B   Do many foreigners get flowers in your shop?

A   Yes, they do.

B   What flower usually proves most popular among foreigners?

A   Well, that depends on the person.

B   What's this full-blown flower?

A   It's a gardenia.

꽃가게에서 (2)

이 활짝 핀 꽃은 무엇입니까?

B 참 멋진 꽃가게군요!

A 감사합니다. 보시다시피 대단히 많은 꽃을 팔고 있습니다. 실은, 꽃이 너무 많아서 큰 일입니다(일이 많습니다).

B 알만하군요.

A 여기서 팔리는 꽃은 보시다시피 화사합니다.

B 외국인들이 이 꽃가게에서 많이 삽니까?

A 네, 그렇습니다.

B 무슨 꽃이 보통 가장 인기 있습니까?

A 글쎄요, 사람에 따라 다르지요.

B 이 활짝 핀 꽃은 무엇입니까?

A 치자나무 꽃입니다.

Words & Phrases

handle [hǽndl] 팔다, 장사하다
quite [kwait] (생각했던 것 보다) 꽤, 제법, 상당히
gorgeous [gɔ́ːrdʒəs] 화려한, 화사한, 호화한, 찬란한
foreigner [fɔ́ːrinər] 외국인, 외인, 이방인
gardenia [gɑərdíːnjə] 치자나무 꽃, 치자나무
person [pə́ːrsn] 사람 신체, 몸, 풍채, 인물, 인격

Situation 60 — At a flower shop (3)

I want some roses.

B   I want some roses.

A   These roses are beautiful. Some roses are full-blown some are still in buds.

B   Those are just what I want.

A   They'll really brighten up your room.

B   I hope they'll last long.

A   Please keep changing water twice a day and they'll last for about 10days or so.

B   Give me about 25, please.
How much are they apiece?

꽃가게에서 (3)

장미가 좀 필요합니다.

B 장미가 좀 필요합니다.

A 이 장미들은 아름답습니다. 활짝 핀 것이 있는가 하면 아직 꽃망울만 져있는 것도 있습니다.

B 그것들이 내가 꼭 필요한 것입니다.

A 선생님 방이 그것들 때문에 환해질 겁니다.

B 오래 갔으면 좋겠어요.

A 하루에 두 번 계속 물을 갈아주시면 약 10일쯤 갈 겁니다.

B 25개쯤 주세요.

A 한 송이에 얼마죠?

Words & Phrases

still [stil] 조용한, 고요한, 묵묵한, 아직(도), 여전히, 그럼에도 불구하고
buds [bʌd] 싹, 꽃 봉우리
brighten up 밝아지다, 기분이 명랑해지다, 행복해지다
keep changing water 계속 물을 갈다
apiece [əpíːs] 하나에 대하여, 한 사람에 대하여, 각자에게

Situation 61

At a flower shop (4)

Because roses have such gorgeous colors.

B   What kind of flowers do you recommend me to take to a hospital for a patient?

A   Well, the tastes in flowers differ but personally I would recommend some roses.
They were grown in our own nursery.

B   What makes you recommend them?

A   Because roses have such gorgeous colors.
Just the sight of them would help to cure patients.

B   I'll take some of these.

꽃가게에서 (4)

장미의 색깔이 화사하기 때문입니다.

B 환자를 위해서 병원에 가져간다면 무슨 꽃을 권하십니까?

A 글쎄요. 꽃에 있어서의 기호는 사람마다 다르겠지만 저로서는 장미를 권하고 싶습니다.
저희가 직접 키운 것들입니다.

B 왜 장미를 추천하십니까?

A 장미의 색깔이 화사하기 때문이죠.
그걸 보기만 하더라도 환자를 낫게 해줄 것입니다.

B 이것으로 몇 개 사겠습니다.

Words & Phrases

tastes [teist] 취미, 기호, 미각, 맛, 미감
differ [dífər] 다르다, 틀리다, 의견을 달리하다
personally [pə́:rsənəli] 개인적으로, 하나의 인간으로서, 몸소, 친히, 직접
nursery [nə́:rsəri] 묘상, 종묘
cure [kjuər] 치료하다, 고치다, 나쁜 버릇을 고치다
patient [péiʃənt] 환자, 병자

Key Words

apple blossom : 사과 꽃
forget-me-not : 물망초
the rose of sharon : 무궁화
morning-glory : 나팔꽃
narcissus : 수선화
pasque flower : 서양 할미꽃
rose : 장미
bitterroot : 쇠비름과의 화초
iris : 참붓꽃 속, 붓꽃
gardening : 원예
peach blossom : 복숭아 꽃

azalea : 진달래
chrysanthemum : 국화
lilac : 라일락
bluebonnet : 수레 국화
violet : 제비꽃
carnation : 카네이션
sunflower : 해바라기
camellia : 동백나무
peony : 작약, 작약꽃
gardener : 원예가
columbine : 참매 발톱 꽃

forcythia; the golden bell : 개나리
dogwood : 층층나무   garden balsam : 봉숭아
black-eyed susan : 노랑데이지 (꽃 가운데가 검은 국화의 일종)
crocus : 크로커스 (영국에서 봄에 맨 먼저 피는 꽃)
dwarf-tree culture : 화분수목재배
garden balm : 향수 박하
garden cress : 큰 다닥 냉이 (향신료, 샐러드용 야채)
gardenia : 치자나무, 치자나무 꽃
garden plant(s) : 원예식물, 재배식물
goldenrod : 메역 취속의 식물
glass culture : 온실 재배   mistletoe : 겨우살이
golden poppy : 양귀비 = garden poppy

greenhouse effect : (탄산가스에 의한 지구대기의) 온실효과

hot house plant = greenhouse plant : 온실식물

magnolia : 미 남부의 태산목

grandiflora (rose) : 꽃송이가 큰 장미

orange blossom : 오렌지 꽃 (순결의 상징으로서 신부가 결혼식에서 머리에 장식)

oregano : 오레가노(향신료)

pinecone : 솔방울

potted plant = pot plant : 화분식물

red hibiscus : 하이비스커스

red clover : 붉은 토끼풀(사료용)

rhododendron : 진달래 속의 각종 화목(꽃)

rosebay : 협죽도속, 석낭, 버들잎 바늘꽃

sweet pea : 사향 연리초(의꽃)

syringa : 고광 나무 속의 관목

scarlet carnation : 진홍색 카네이션

yellow jasmine : 재스민속(말리따위)

trailing arbutus : 석남과의 식물(북미산)

wild prairie rose : 야생 넓은 초원장미

wistaria : 등(나무)(꽃)

yucca : 실난초, 유카(유카과)

Situation 62 At a bakery (1)

I want a white loaf.

A Can I help you, ma'am?

B Yes, I want one loaf of white bread. (a white loaf)

A Do you want it sliced?

B No, please give me as it is.
   These loaves look like fresh bread.

A Yes, these are fresh from the oven.
   Anything else, ma'am? (Do you want anything else, ma'am?)

B I want some cream buns and red bean jam buns.

A We're selling by the paper bag.

B I'll take three bags.

A Very good, ma'am.

빵집에서 (1)

흰 빵 한 덩어리 주세요

A 사모님, 도와드릴까요?

B 네, 흰 빵 한 덩어리 주세요.

A 썰어 드릴까요?

B 아니오, 그대로 주세요.
이것들은 갓 만들어 낸 빵처럼 보이네요. (갓 만들어 낸 빵 같습니다)

A 네, 이것들은 오븐에서 갓 구워낸 것입니다.
그밖에 필요하신 것이 있으신가요?

B 크림빵과 팥빵이 필요해요.

A 봉지에 넣어 팝니다.

B 세 봉지 사겠어요.

A 잘 알겠습니다. 사모님.

Words & Phrases

loaf [louf] 한 덩어리의 빵
slice [slais] 얇게 베다, 썰다, 잘라내다
fresh [freʃ] 갓 만든, 새로운, 신선한, 싱싱한
cream bun 크림빵
red bean jam bun 팥빵

Situation 63

At a bakery (2)

I want two loaves of high-protein bread.

A Can I help you, sir?

B I want two loaves of high-protein bread.

A Yes, sir Anything else?

B I want a dozen bread-sticks and two loaves of rye bread.

A How about cookies here?

B Can I sample one?
[Can I try one as a sample?]

A Yes, go ahead.

B Thank you. Um! It's very good. All right. I'll take some.

A We're selling by the gram.

B 500 grams.

A Thank you very much. Please come again.

빵집에서 (2)

고단백 빵 두 덩어리 주세요

A 선생님, 도와드릴까요?

B 고단백 빵 두 덩이가 필요한데요.

A 네, 선생님. 다른 것은?

B 막대 빵 두 타하고 흑 빵 두 덩어리 주세요.

A 여기 쿠키는 어떠신가요?

B 시험삼아 한 개 맛볼까요?

A 네, 그러시죠.

B 감사합니다. 음—! 참 맛있군요. 더러 사가겠습니다.

A 그램 당으로 팔고 있습니다.

B 500그램 쓰겠어요.

A 대단히 감사합니다. 또 오세요.

Words & Phrases

high-protein [hai próuti:n] 고 단백질의
dozen [dʌzn] 다스, 타, 12개
rye bread (호밀로 만든) 흑 빵
sample [sǽmpl] 시식[시음]하다, 견본으로 질을 시험하다

Situation 64 — At a bakery (3)

I'll put them in a paper bag.

A   Can I help you, ma'am?

B   I want three loaves of fresh sandwich bread.

A   Yes, ma'am. These are fresh bread.
    I'll put them in a paper bag.

B   I also want doughnuts.

A   Very good, ma'am.

B   Would you put them in separate paper bags so that I won't get any sugar on the sandwich bread?

A   I'm about to do so.

빵집에서 (3)

그것들을 봉지에 넣어 드리겠습니다.

A 도와드릴까요, 사모님?

B 갓 만든 샌드위치 빵으로 세 덩어리 주세요.

A 네, 사모님. 이것들이 갓 만든 빵입니다.
종이 봉지에 넣어 드리겠습니다.

B 도넛도 주세요.

A 알겠습니다.

B 샌드위치 빵에 설탕이 묻지 않도록 다른 봉투에 넣어 주시겠어요.

A 지금 막 그렇게 해드리려고 합니다.

Words & Phrases

sandwich [sǽndwitʃ] 샌드위치
doughnut [dóunʌt] 도넛, 도넛 모양의 것
separate [sépəreit] 따로 따로의, 단독의, 독립된, 격리된

Situation 65 At a bakery (4)

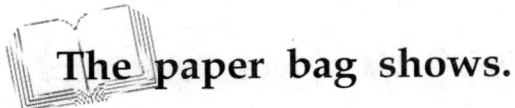
The paper bag shows.

A Good afternoon, sir.

B Good afternoon. I want two dozen raisin buns. Two bags of hardtacks and two bags of cookies. How much are cookies?

A The paper bag shows the price and the weight.

B All right. How much altogether?

A Please wait a moment while I cash up. Twenty-five thousand won altogether.

B Here you are.

A Thank you very much. Good-bye.

빵집에서 (4)

봉지에 적혀 있습니다.

A 안녕하세요. 선생님.

B 안녕하십니까? 포도빵 두 타가 필요합니다.
딱딱한 비스킷 두 봉지와 쿠키 두 봉지도 주세요.
얼마입니까?

A 종이 봉지에 가격과 무게가 나와 있습니다.

B 좋아요. 모두 얼마죠?

A 제가 계산 할 동안 잠시만 기다려 주세요.
모두 25,000원입니다.

B 여기 있습니다.

A 대단히 감사합니다. 안녕히 가세요.

Words & Phrases

raisin bun [reizn bʌn] 건포도 빵
hard tack [hɑərdtǽk] 딱딱한 비스킷, (비상용) 건빵
altogether [ɔːltəgéðər] 다 합하여, 전체로서, 총계로
moment [móumənt] 순간

Situation 66   At a bakery (5)

Do you carry any bread specially enriched with vitamins?

A   Can I help you ma'am?

B   What kind of bread is this?

A   It's called pumpernickel.

B   Oh, this is what they call pumpernickel, isn't it?

A   Yes, it is.

B   Do you carry any bread specially enriched with vitamins?

A   Yes, we have that, too.
      This one here is what they call Vita Bread and is specially enriched with vitamins.

B   I'll take two loaves.

A   3,000won per loaf. Anything elese, ma'am.

B   No, that's all.

빵집에서 (5)

특별히 비타민이 많이 들어간 빵이 있습니까?

A 도와드릴까요, 부인?

B 이것은 무슨 빵이지요?

A 펌퍼니컬이라고 합니다.

B 아, 이것이 이른바 펌퍼니컬이군요.

A 네, 그렇습니다.

B 특별히 비타민이 많이 들어간 빵도 팝니까?

A 네, 그것도 취급하고 있습니다.
여기 있는 이것이 소위 바이타 빵이라는 것인데 특별히 비타민이 많이 들어 있습니다.

B 두 덩어리 주세요.

A 한 덩어리에 3,000원입니다. 그밖에 또 사실 것은?

B 아니오, 그게 다입니다.

Words & Phrases

pumpernickel [pʌ́mpərnikəl] 조제한 호밀 빵
carry [kǽri] 물건을 가게에 놓다, 팔다
specially [spéʃəli] 특히, 특별히, 각별히, 일부러, 모처럼, 특제로
enrich [inrítʃ] 풍부[풍성]하게 하다
vita bread [váitə bred] 바이타 빵, 비타민 빵

Situation 67 — At a bakery (6)

I want a birthday cake.

A How do you do both of you?

B How do you do? I want a birthday cake.

A Who is it for?

B It's my wife's fiftieth birthday tomorrow.

A Oh, is it? Happy birthday to you, ma'am.

C Thank you.

A You've attained your fiftieth birthday on a visit to Korea, haven't you?

C Yes, I have.

A Here's one that is very good. Candles go with it.

B I'll take it.

A Please wait for a moment while I wrap it up.

빵집에서 (6)

생일 케이크를 주세요

A 두분 처음 뵙겠습니다.
B 처음 뵙겠습니다. 생일 케이크를 사려구요.
A 누구를 위해 쓰여질 것입니까?
B 내일이 부인의 쉰 번째 생일입니다.
A 아, 그러시군요. 생일을 축하합니다. 부인.
C 고마워요.
A 한국을 방문하시는 중에 쉰 번째 생일을 맞이하셨군요.
C 네, 그렇습니다.
A 여기 아주 고급스러운 것이 있습니다. 양초가 따라 갑니다.
B 그것을 사겠습니다.
A 포장할 동안 잠시만 기다려 주세요.

Words & Phrases

fiftieth [fíftiθ] 50번째의, 제50의, 50분의 1의
attain [ətéin] (고령, 목적, 장소 등에) 도달하다, 이르다, 달성하다
candle [kǽndl] 양초, 촉광, 빛을 내는 것, 등불, 별

Key Words

cake flour : 상질의 밀가루
French loaf : (가늘고 긴)프랑스 빵
French bread : 프랑스 빵《보통 긴 막대꼴》
French pastry : 프랑스식 파이
French toast : 프렌치 토스트《우유와 달걀을 섞은 것에 담갔다가 프라이팬에 살짝 구운 것》
pastry : 밀가루 반죽, 파이 커플, 밀가루 반죽으로 만든 케이크
dough : 가루 반죽, 굽지 않은 빵
doughboy : 찐빵, 만두
doughnut foundry : 값싼 음식점, 공짜로 식사할 수 있는 곳
doughy : 가루 반죽 같은, 설구운(half-baked)
cream : 크림이든, 크림으로 만든, 엷은 황색의
creamer : 식탁용 크림그릇, 커피 등에 타는, 크림 대용품
cream tea : 《영》크림티《잼과 고체 크림을 바른 빵을 먹는 오후의 차》
creamy : 크림을 함유한[이 많은], 크림모양의, 반들반들하고 말랑말랑한, 크림색의
bread and butter : 버터 바른 빵
bread and jam : 잼 바른 빵
raisin [plum] bread : 건포도 빵
a bread plait : 끈 빵   a rye cob : 둥근 호밀 빵
a roll : 롤빵, 두루마리 빵   garlic bread : 마늘 빵
barley bread : 보리 빵   corn bread : 옥수수 빵
a cream horn : 소라 빵   a cream bun : 크림 빵
a red bean jam bun : 팥 빵   brown bread : 흑 빵
white : 흰 빵   bun : 건포도 롤빵

toast : 구운 빵   pilot bread : 굳은 빵
a piece [slice] of bread : 빵 한 조각
dry toast : 아무 것도 바르지 않은 빵
bake [toast] bread : 빵을 굽다
spread jam on bread : 빵에 잼을 바르다
sea biscuit : 선원용 건빵(hardtack)
sandwich : 샌드위치
biscuit : 비스킷
cookie : 쿠키, 작고 납작한 빵(bun)
         《영》 biscuit, small sweet cake
roller miller : 롤러 제분기
rolling pin : 반죽을 미는 밀태
custard : 커스터드 《우유, 계란에 설탕, 향료를 넣어서 찐[구운]과
    자》
sponge cake [bis cuit] : 스펀지케이크 《쇼트닝을 넣지 않고 달
    걀을 많이 사용한 케이크》
sponge = sponge cake : 효모로 부풀린 반죽 빵, 카스텔라
steamed sweet-potatoes : 찐 고구마
fresh bread : 갓 만든 빵
butter chip : 각자 앞의 버터 접시
milk jelly : 과일이 든 밀크젤리
milk loaf : 밀크 빵 《단맛 있는 흰 빵》
milk powder : 분유(dry milk)
milk pudding : 밀크 푸딩 《쌀이나 타피오카 등을 우유에 넣어서
    구운 푸딩》
milk punch : 밀크 펀치 《우유, 술, 설탕 등을 섞은 음료》

Situation 68 — At a watch store (1)

My watch doesn't run.

A　Come right in, please. What can I do for you?

B　I want to have this watch mended.
　　It doesn't run.

　　　… After examining the watch …

A　I think your watch needs overhauling.
　　It must be over ten years since you bought it at a guess.

B　What a guess! It's going on 10years.
　　How long will it take?

A　Please come at this time tomorrow.
　　Not having our hands full now, we can have it ready by then.

B　All right.

시계점에서 (1)

나의 시계가 가질 않습니다.

A 어서 오십시오. 무얼 도와드릴까요?

B 이 시계를 고치려구요. 가질 않습니다.

　　… 시계를 검사하고 나서 …

A 제 생각에 분해 수리를 하셔야 겠습니다.
　　어림잡아서 사신지 10년은 됐겠습니다.

B 참 잘 알아맞추시네요! 10년 다 되어 갑니다.
　　얼마나 걸립니까?

A 내일 이맘때 오십시오. 지금은 바쁘지 않기 때문에 그때까진 해 놓겠습니다.

B 좋습니다.

Words & Phrases

overhaul [ouvərhɔ́ːl] 분해검사[수리]하다, 철저히 조사하다
examine [igzǽmin] 검사[조사, 심사]하다, 검토[검열]하다, 시험하다
guess [ges] 추측, 짐작, 억측

Situation 69 — At a watch store (2)

I want you to change the watch band.

A What can I do for you?

B I want to have this watch mended.

A What's the trouble?

B It runs all right but it gains a bit, about two minutes.

A That can be adjusted. It won't take long.

B While you're at it, I want you to change the watch band. Anything will do.

A Very good, sir. It's a glow watch, isn't it?

B Yes, it is.

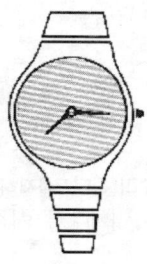

시계점에서 (2)

시계 줄도 갈아주세요

A 무엇을 도와드릴까요?

B 이 시계를 고치고 싶습니다.

A 어디가 고장입니까?

B 잘 가지만 약 2분쯤 빨리 갑니다.

A 조정할 수 있습니다. 금방 됩니다.

B 하는 김에 시계 줄도 갈아주세요.
아무거나 괜찮아요.

A 알겠습니다, 선생님. 야광 시계군요.

B 네 그렇습니다.

Words & Phrases

mend [mend] 수선[수리]하다
trouble [trʌ́bl] 기계의 고장, 불편, 폐, 성가심, 귀찮음, 탈
watchband [wɑ́tʃbænd] 손목시계 밴드[줄]
leather [léðər] 가죽
glow [glou] 백열, 작열, 백열광
luminous [lúːmənəs] 빛을 내는, 빛나는, 반짝이는

Situation 70 — At a watch store (3)

How long does it lose a day?

A Can I help you, ma'am?

B Yes, I want to have my watch adjusted.
   It loses a bit.

A How long does it lose a day?

B Two minutes or so.

A That can be adjusted.

B Will it take long?

A No, ma'am, it won't take long. Please wait for a moment.
   The mechanism is of highest quality, ma'am.

B They say it's a high-grade watch.

A Here you are.

B I'd appreciate it.

시계점에서 (3)

하루에 몇 분이나 늦게 갑니까?

A 도와드릴까요?

B 시계를 조정하고 싶습니다. 조금 늦게 가거든요.

A 하루에 몇 분이나 늦게 갑니까?

B 2분쯤요.

A 조정할 수 있습니다.

B 오래 걸립니까?

A 아닙니다. 부인. 오래 걸리지 않습니다.
  잠시만 기다려 주십시오. 시계가 최고급 품질입니다.

B 다들 좋은 시계라고 합니다.

A 여기 있습니다.

B 고맙습니다.

Words & Phrases

adjust [ədʒʌst] (기계를) 조정하다, (의견, 분쟁 등을) 조정하다, 조화시키다
mechanism [mékənizm] 기계[류], 기구, (보통)작은 기계장치, 기계부품
high-grade [haigréid] 우수한, 고급의
appreciate [əprí:ʃieit] 고맙게 생각하다, 감사하다

Situation 71 — At a watch store (4)

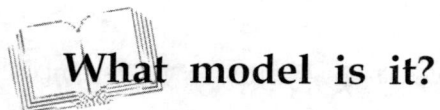

What model is it?

A Can I help you, sir.

B Yes, I'd like to buy a new watch.
   I want the newest thing just put out preferably.

A In that case, I would recommend this one here.

B What model is it?

A It's a Korean model.

B What make is it?

A It's a Dolche.
   Don't you think it's very attractive?
   Appearance comes first, you know.

B It's well-made. I'll take it.

시계점에서 (4)

어느 회사 제품인가요?

A 도와드릴까요?

B 네, 새 시계를 사고 싶습니다.
가급적이면 새로 나온 신제품이 좋아요.

A 그러시면 여기 이 시계를 권하고 싶습니다.

B 어느 나라 제품인가요?

A 한국 제품입니다.

B 어느 회사 제품인가요?

A 돌체 회사 제품입니다.
근사하다고 생각지 않으십니까?
뭐니뭐니해도 외양이 최고지요, 보시다시피.

B 잘 만들어졌군요. 사겠습니다.

Words & Phrases

preferably [préfərəbli] 가급적(이면), 오히려, 더 좋아하여
recommand [rèkəmǽnd] 권하다, 충고[권고]하다, 추천하다, 천거하다
model [mádl] 자동차 등의 형, 모형, 모델
attractive [ətrǽktiv] 사람의 마음을 쓰는, 눈에 뜨이는, 흥미를 돋우는
appearance [əpíərəns] 외관, 외양, 체면, 풍채, 생김새

Key Words

watch chain : 회중시계의 쇠줄   watch key : 태엽감개
watch crystal : 회중[손목]시계의 뚜껑유리 = watch glass
watchmaker : 시계제조[수리인]
watchmaking : 시계제조[수리](업)
watch strap : 손목시계밴드[줄]
a table-clock=standing clock : 탁상시계
a clock : 벽시계   a wrist watch : 손목시계
an alarm clock : 자명종   a cap : 시계의 속 딱지
cuckoo clock : 뻐꾹이 시계   hour hand : 시침
minute-hand : 분침   second-hand : 초침
dial plate : 시간문자판   spring : 태엽
clockwork : 시계장치   a clock tower : 시계탑
right-handed, clockwise : 시계방향, 시계방향의
counter-clockwise : 시계반대 방향의
a time bomb : 시계장치의 폭탄
a watch repair shop : 시계포
a glow [luminous] watch : 야광시계
a self-winding watch : 자동시계
an electric clock : 전기시계
an electronic watch : 전자시계
a pendulum clock : 전자[추]시계
foreign good [products] : 외제품
domestic product 국산품 = home product home-made 국산의

 **Useful Expressions**

1. keep good time : 시계가 잘 맞다
2. get out of order : 시계가 정상이 아니다
3. repair [mend] a watch : 시계를 고치다
4. have one's watch repaired : 시계를 고치다
5. look at one's watch : 시계를 보다
6. wind (up) a watch [clock] : 시계의 태엽을 감다
7. set right the watch, put a clock in order : 시계를 맞추다
8. put the clock to three : 시계를 3시로 해놓다
9. have one's watch [cleaned / mended] : 시계를 분해 [청소하다 / 고치다]
10. a watch stops : 시계가 서다
11. a watch runs : 시계가 가다
12. This clock is ten minutes [fast / slow].
    이 시계는 10분 [빠르다 / 늦다].
13. This watch [gains / loses]. 이 시계는 [빨리 / 늦게] 간다.
14. It [The clock] has just struck ten. 시계가 지금 10시를 쳤다.
15. What time is it now by your watch? 네 시계로 몇 시니?
    = What time do you make it?
16. What time you got? 몇 시니?
    ─I got 10. 열 시야.
17. His watch showed [gave] the time as 10 a.m.
    그의 시계는 오전 10시를 가리키고 있었다.
18. You got a radio time? 네 시계는 시간이 맞니?
    ─Yes, I got a radio time. 그래 맞는 시계야.

Situation 72

At a butcher's (1)

I want it whole.

A Good morning, ma'am. Can I help you?

B Yes, I want some veal.
   Have you got a fresh supply?

A Yes, ma'am. It just arrived on this morning.

B Oh, it did. I want 600grams of it.

A Is it for roasting?

B Yes, it is.

A Do you want it sliced or you want it whole?

B I want it whole.
   How much is it per 100grams?

A 3,000won, ma'am.

B Here you are.

정육점에서 (1)

통째로 주세요

A 안녕하세요, 부인. 무얼 드릴까요?

B 송아지 고기를 좀 사려구요.
   오늘 새로 들어온 것이 있습니까?

A 네, 부인. 오늘 아침에 들여놓았습니다.

B 아, 그랬군요. 600그램이 필요합니다.

A 구으실 겁니까?

B 네, 그렇습니다.

A 썰어드릴까요. 통째로 드릴까요?

B 통째로 주세요. 100그램에 얼마죠?

A 3000원입니다.

B 여기 있습니다.

Words & Phrases

veal [vi:l] 식용 송아지고기
fresh [freʃ] 새로 공급된, 새로 발생한, 새로 발견한, 새로 들어온
supply [səplái] 공급품, 지급품, 준비품, 공급, 지급
arrive [əráiv] 도착하다, 닿다, (물건이) 도착하다
roast [roust] 특히 고기를 오븐에 굽다
slice [slais] 얇게 베다, 썰다, 잘라내다

Situation 73

At a butcher's (2)

I hope it's a fresh supply.

A Good afternoon, ma'am. Can I help you?

B Yes, I want chicken meat.
   Do you handle chicken meat?

A Yes. What is it for?

B It's for making soup. I hope it's a fresh supply.

A We've got a fresh supply.
   We take delivery of new supplies every day.

B Oh, you do. I'll take two lumps.

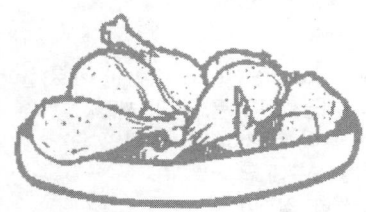

정육점에서 (2)

새로 들어온 고기면 좋겠는데요

A 안녕하세요. 무얼 드릴까요?

B 닭고기를 사려구요. 닭고기를 파십니까?

A 네, 어디에 쓰실 겁니까?

B 수프를 만들 겁니다. 새로 들여온 고기면 좋겠는데요.

A 새로 들여온 고기가 있습니다.
저희는 매일 새 물건을 들여놓습니다.

B 아, 그러시군요. 두 덩어리 주세요.

Words & Phrases

chicken [tʃíkin] 닭고기, 닭(fowl)
handle [hǽndl] 팔다, 장사하다
lump [lʌmp] 덩어리, 한 덩이, 각설탕, 혹, 부어오른 멍, 집합체

Situation 74

At a butcher's (3)

I'm afraid the price has gone up a little.

A Can I help you, sir?

B Yes, I want some beef.

A Is it for roasting?

B Yes, it is. I want sirloin.

A Very good, sir.
How many grams of it do you want?

B 1800grams.

A Do you want us to slice it?

B Yes, please.

A I'm afraid the price has gone up a little.

B So I hear.

A 3000won per 100grams.

B All right. Here you are.

정육점에서 (3)

어쩌지요, 값이 조금 올랐습니다.

A 무얼 드릴까요?

B 소고기 좀 쓰려구요.

A 구우실 것입니까?

B 네, 그렇습니다. 등심으로 주세요.

A 알았습니다, 선생님. 몇 그램이나 필요하십니까?

B 1800그램이 필요합니다.

A 썰어드릴까요?

B 네, 부탁해요.

A 어쩌지요. 고기 값이 조금 올랐습니다.

B 그렇다더군요.

A 100그램에 3000원입니다.

B 좋아요. 받으세요.

Words & Phrases

sirloin [sə́:rlɔin] 허리고기, 소의 허리 상부의 살
has gone up 값이 올랐다
All right 더할 나위 없이, 훌륭히, 무사히, 정확히, 틀림없이

Situation 75

At a butcher's (4)

Very good for making hamburgers.

A Good morning, ma'am. Can I help you?

B Yes. I want some mincemeat.

A What is it for?

B It's for making hamburgers.

A Oh, it is.
   We've got a mixture of beef and pork, very good for making hamburgers.

B I hope it was ground today.

A Yes, of course. It's a fresh supply.

B 600grams of it, please.

A Very good, ma'am. Here you are.

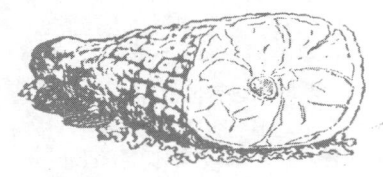

정육점에서 (4)

햄버거 만드는데 대단히 좋습니다.

A 안녕하세요, 부인. 무얼 드릴까요?

B 잘게 다진 고기를 좀 사려구요.

A 어디에 쓰실 겁니까?

B 햄버거 만드는데 쓰려구요.

A 아, 그렇군요.
소고기와 돼지고기를 잘게 썰어 섞은 것인데 햄버거 만드시는데 대단히 좋습니다.

B 오늘 간 것이면 좋겠어요.

A 네, 물론입니다. 새로 들여온 고기들입니다.

B 600그램 주세요.

A 알겠습니다. 여기 있습니다.

Words & Phrases

mincemeat [mínsmiːt] 잘게 썬 고기
making hamburger 햄버거를 만드는 것
hamburger [hǽmbəːrgər] 햄버거 스테이크용의 다진 고기, 자른 둥근 빵에 햄버거 스테이크를 끼운 것
pork [pɔərk] 돼지고기
grind [graind] (맷돌로) 타다, 찧다, 빻다, 갈아 가루로 만들다, 썰어 으깨다

Situation 76   At a butcher's (5)

I want it tender.

A   Can I help you, ma'am?

B   Yes. I want 400grams of beef for steaks.

A   Do you want sirloin?

B   Yes. I want it tender and I want it sliced.

A   Very good, ma'am. Anything else?

B   I also want 400grams of bacon and 600grams of smoked ham.

A   50,000won altogether, ma'am.

B   Here you are.

A   Thank you very much. Good-bye.

정육점에서 (5)

연한 것으로 주세요

A 무엇을 드릴까요, 부인?

B 스테이크용 소고기 400그램 주세요.

A 등심을 원하십니까?

B 네, 연했으면 좋겠어요. 썰어 주시고요.

A 알겠습니다. 그밖에 사실 것은 없습니까?

B 400그램의 베이컨과 훈제 햄 600그램 주세요.

A 모두 50,000원입니다.

B 여기 있습니다.

A 대단히 감사합니다. 안녕히 가십시오.

Words & Phrases

steak [steik] (굽거나 튀기기 위해 쇠고기, 생선의) 두껍게 썬 고기, 특히 비프스테이크, 스테이크용 고기
sirloin [sə́ːrlɔin] 소의 허리 상부의 살
tender [téndər] (고기 등이) 부드러운, 연한(soft)
smoke [smouk] 그을게 하다, 연기로 검게 하다, 연기 피우다, 훈제하다
altogether [ɔːltəgéðər] 다 합하여, 전체로서, 총계로, 전혀, 전연, 전적으로

Key Words & Expressions

imported cattle : 수입 소

cattle : 《총칭으로》 소. a bull 황소. a cow 암소

castrate, emasculate, geld, weaken : 거세하다

keep cows, raise cattle : 소를 기르다(치다)

meat : 동물의 고기. beef 소고기, pork 돼지고기, mutton 양고기, venison 사슴고기, chicken 닭고기

a piece of meat 고기 한 점

mincemeat : 다진 고기 = hashed meat

meat grinder : 고기 저미는 기계 = mincing machine

rice topped with seasoned beef : 고기 덮밥

broth, gravy, meat juice 고깃국

hot beef casserole : 고기전골   roast meat : 불고기

meat-bun : 고기만두   meat dish : 고기요리

a lump of meat, a hunk of meat : 고깃덩어리

meatiness : 고기가 많음, 내용충실

meat-packer : 정육업자

meat packing : 도축에서 가공 도매까지 하는 정육업

butcher : 푸주한, 정육점주인, 도살자

roast : 고기를 오븐에 굽다

grill : 고기를 석쇠 등을 이용 불에 쬐어 굽는 것인데 《미》에서는 broil이라고 하는 경우도 있음

imported beef : 수입쇠고기

noodle soup with beef : 쇠고기 탕면

squash with beef : 쇠고기 호박 무침

cow's brains, ox-brain : 식용의 쇠골

cow's tail, ox tail : 쇠꼬리

(broiled)short-ribs : 갈비

steamed short-ribs, beef rib stew : 갈비찜

lard : 라드 돼지고기를 녹여 정제한 반고체의 기름

chuck : 소의 목둘레의 살《미구》음식물, 내던지다(hurl), 회의 장·방 등에서 끌어내다, 쫓아내다

brisket : (소등의) 가슴고기, 양지머리

buttock : 엉덩이 고기

aitchbone : 소의 볼기뼈, 뼈가 붙은 우둔살

corn : 고기에 소금을 뿌리다, 소금에 절다

grilled chicken : 군 닭고기

grilled fowl : 군 새고기

meat juice : 고기즙 = meat extract

broil 《fish》 with salt : 소금구이로 하다

preserve [pickle] in [with] salt : 소금에 절이다

salted, pickled [preserved] with salt : 소금에 절인

scatter a pinch of salt : 소금을 뿌리다

sprinkle salt on a dish, season food with salt : 소금을 치다

salty taste, saltiness : 소금기

salted beef : 소금에 절인 쇠고기

mincing, chopping, hashing : 난도질

Situation 77   At a hat store (1)

I think I'll start wearing a cap.

A   I notice that you always wear a cap.

B   Yes, I always wear a cap.

A   Do hats help to keep your hair in good condition?

B   Yes, they do.
A certain scientist has discovered that hats help to keep your hair and scalp in good condition.

A   That's good to know.

B   I always keep buying caps or hats when a season changes.

A   Ah, you do. I also think I'll start wearing a cap. As you can see, my hair is becoming a little thin. [I'm losing my hair.]

B   Wearing a hat is good for the hair.

A   I've grown wiser thanks to you.

모자점에서 (1)

모자를 쓰기 시작할 생각입니다.

A 늘 보면 모자를 쓰고 계시는군요.

B 네, 나는 늘 모자를 쓰고 있습니다.

A 모자가 머리카락을 좋은 상태로 유지해줍니까?

B 네, 그렇습니다. 어떤 과학자에 의해서 모자가 머리카락과 머리 가죽을 좋은 상태로 해준다는 것이 알려졌습니다.

A 알아두면 좋겠습니다.

B 계절이 바뀔 때마다 늘 계속 모자를 삽니다.

A 아, 그러시군요. 나도 역시 모자를 쓰기 시작 할까하고 생각하고 있습니다. 보시는 바와 같이 머리가 조금 엉성해지고 있습니다. [머리가 빠지고 있다]

B 모자를 쓰면 머리에 좋습니다.

A 덕분에 또 한 가지 알았습니다.

Words & Phrases

notice [nóutis] 알아채다, 인지하다, 주의하다, 주목하다, 아는 치하다
discover [diskʌ́vər] 발견하다, 알다, 깨닫다, 비밀 등을 드러내다
scalp [skælp] 머리 가죽, 민둥산 꼭대기
become thin 머리가 드문드문 해지다, 액체·기체 등이 엷어지다, 희박해지다

Situation 78

At a hat store (2)

The price tag shows its price.

A Can I help you, sir?

B Yes. I'd like to buy a new hat.

A Our store has a great assortment of caps and hats.

B I want to buy one just like this.

A I'll bring you some to try on. How about this one?

B It looks pretty much the same.

A Yes, it does, sir. It looks a bit different because it's the newest thing just put out.

B All right. I'll take it. How much is it?

A The price tag shows its price.
   We can give you 5% special discount.

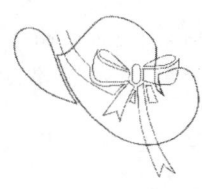

모자점에서 (2)

꼬리표에 가격이 표시되어 있습니다.

A 도와드릴까요?

B 네, 새 모자 하나 사려구요.

A 저희상점은 모자의 구색이 잘 갖추어져 있습니다.

B 꼭 이와 같은 모자를 사고 싶은데요.

A 써보시도록 몇 개 가져오겠습니다. 이것이 어떻겠습니까?

B 꽤 비슷하게 보이는군요.

A 네, 그렇습니다. 선생님. 그것은 새로 나온 신제품이기 때문에 조금 다르게 보입니다.

B 좋아요. 사겠어요. 얼마죠?

A 꼬리표에 가격이 나와있습니다.
특별히 5% 할인해 드릴 수 있습니다.

Words & Phrases

pretty much 꽤 많이, 거의
different [dífərənt] 딴, …와 다른, 별개의, 같지 않은
thing [θiɔ] 사물 《일반적으로》 물, 사물, 무생물, 물체
put out 밖으로 내다, 출판하다, 발표하다
price tag 정가표

Situation 79

At a hat store (3)

I want a narrow brim.

A Good afternoon, sir. Can I help you?

B Good afternoon. I want a hat.

A What size do you wear?

B I wear a size seven.
   I want one to match this coat I'm wearing.

A In that case would you please try this one on?

B This one suits me fine but I don't like the brim.

A Do you like a narrow brim or a wide brim?

B A narrow brim.

A Maybe this will appeal to you.

B This one will do. I'll take it.

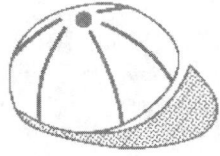

모자점에서 (3)

좁은 테로 주세요

A 안녕하십니까? 도와드릴까요?

B 안녕하세요. 모자가 필요해서요.

A 머리치수가 얼마시죠.

B 나는 치수 7을 씁니다.
지금 입고 있는 이 상의에 잘 어울리는 것을 원합니다.

A 그러시면 이걸 써보시죠.

B 이 모자가 잘 맞긴 한데 테가 좀 그러네요.

A 좁은 테를 원하십니까? 넓은 테를 원하십니까?

B 좁은 테요.

A 아마 이거면 마음에 드실 겁니다.

B 이거면 되겠어요. 주세요.

Words & Phrases

wear [wɛər] 입고 [신고, 쓰고, 끼고, 걸치고] 있다
brim [brim] 모자의 테(rim), 챙, 물가, 그릇의 가장자리, 언저리, 테두리
maybe [méibi] 어쩌면, 아마
appeal [əpíːl] 사물이 사람의 마음에 호소하다, 마음에 들다, 호감을 사다

Situation 80

At a hat store (4)

I want wearing a cap.

A Welcome to our store!

B I want a cap.

A We've got many kinds.

B I think I'll start wearing a cap instead of hat.

A Ah, you do. Why will you do that?

B Because they're much lighter?

A I can imagine. Incidentally, now things have changed a lot because society itself has changed so much.
Many people prefer to wear caps rather then wear soft hats.

B So I hear. Do you carry eyeshades?

A Yes, I'll show you some.

모자점에서 (4)

챙이 있는 모자로 주세요

A 저희 상점에 오신 것을 환영합니다.

B 모자 하나 사려구요.

A 여러 가지를 팔고 있습니다.

B 나는 중절모 대신에 챙이 있는 모자를 쓰기 시작할 생각입니다.

A 아아, 그러시군요. 왜 챙이 있는 모자를 쓰시려고 하십니까?

B 왜냐하면 훨씬 가벼우니까요.

A 짐작이 갑니다. 말이 나온 김에 덧붙여 말씀드리면, 요즘은 사회 자체가 무척 변해서 사정이 많이 달라졌습니다. 많은 사람들이 중절모를 쓰기보다는 챙 모자를 택합니다.

B 그렇다더군요. 보안용 챙이 있습니까?

A 네, 일부 보여드리죠.

Words & Phrases

instead of ···대신에, ···하지 않고, ···하기는커녕
much lighter 훨씬 더 가벼운, 매우, 몹시
eyeshade [áiʃèid] 보안용 챙
incidentally [ìnsədéntəli] (문장수식어로) 말이 난 김에, 덧붙여 말하자면
imagine [imǽdʒin] 상상하다, 생각하다, 미루어 생각하다, 추측하다

Situation 81

At a hat store (5)

Show me both kinds.

A Can I help you, ma'am?

B I wonder if you've got any caps like this?

A Yes, of course.

B I wear size six.

A I'll show you some to choose. [pick out]

B I wonder if this cap will match this sportswear I'm wearing.

A Please look at yourself in the mirror.
It looks very good on you, ma'am.
Which do you prefer imported goods or domestic product.

B Show me both kinds.

A All the imported goods are heavily taxed, you know.

모자점에서 (5)

양쪽 다 보여주세요

A   도와드릴까요, 부인?

B   이런 모자가 있는지 모르겠어요.

A   네, 있습니다.

B   치수 6을 씁니다.

A   고르시도록 몇 개 보여드리겠습니다.

B   이 모자가 지금 입고 있는 운동복에 어울릴는지 모르겠어요.

A   거울에 비춰보시죠.
    부인에게 그 모자가 대단히 잘 어울립니다.
    수입 제품과 국내 제품 중 어느 쪽을 더 좋아하십니까?

B   양쪽 다 보여주세요.

A   보시다시피 모든 수입 상품은 세금이 많이 붙습니다.

Words & Phrases

wonder [wʌ́ndər] …이 아닐까 생각하다, 이상하게 여기다, 의심하다
choose [tʃuːz] 고르다, 선택하다
prefer [prifə́ːr] 오히려 …을 좋아하다, 차라리 …취하다
imported goods [inpɔ́ərtid gudz] 수입상품
domestic product [dəméstik prɑ́dʌkt] 국내 제품
tax [tæks] 세금을 부과하다, 과세하다, 무거운 부담을 지우다
heavily [hévili] 무겁게, 육중하게, 힘에 겨운 듯이, 느릿느릿, 답답하게

Key Words

college [square] cap : 대학모[각모]
steel cap = helmet : 철모
cap and bells : 방울 달린 광대 모자
cap and gown : 대학의 예복
get [win] one's cap : 선수가 되다.
put on one's considering [thinking] cap : 숙고하다
send [pass, take] the cap round : 모자를 돌려 기부금을 모으다
set one's cap for [at] : 여자가 남자에게 구애하다
snap one's cap : 몹시 흥분[당황]하다
throw up one's cap : (기뻐서) 모자를 던져 올리다
Where is your cap? : (아가야) 인사를 해야지
cap off : (성공리에) 끝마치다, 마무리 짓다
cap the climax : 도를 지나치다
to cap (it) all : 결국에 가서는, 필경에는
cap to : (계획 등에) 찬성하다
be in a [the] hat : 곤란해하고 있다
by this hat : 맹세코
old hat : 케케묵은 [낡은]것
talk through one's hat : 큰소리치다
throw one's hat in the air : 크게 (날 뛰며) 기뻐하다
under one's hat : 남몰래
wear more than one hat : 몇 가지 분야에서 자격이 있다
wear two hats : 두 가지 일을 하다, 두 가지 역할을 하다

beret : 베레모, 《영군》 군대모

soft hat = felt hat : 중절모자

visor : 모자챙

hat stand = hat rail = hat-rack : 모자걸이

broad-brimmed hat : 테가 넓은 모자, 이 넓은 모자

straw hat : 밀짚모자

hunting cap : 사냥모자

bonnet : 보닛(여자아이들이 쓰는 모자, 끈으로 턱밑에서 맴)

panama hat : 파나마 모자

a Korean hat made of bamboo [horsehair] : 갓

visor : 모자의 챙 투구의 면 갑 = peak

sun visor : 자동차의 선바이저

peaked [visored] hat : 차양이 달린 모자

sunshade, sunscreen, parasol : 차양, 차일

fur hat : 털모자

comforter : 털목도리

woolen hat (cap) : 털실로 짠 모자

boa : 모피제 목도리, 깃털로 만든 목도리

woolen muffler : 털실로 짠 목도리

muffler : 머플러, 목도리

scarf : 스카프, 목도리

headgear : 총칭으로 모자

get a hat on, put on a hat : 모자를 쓰다

Situation 82

At an optician (1)

They make you look distinguished.

A You look good in glasses.
   They make you look scholarly and distinguished.

B Thanks for saying so, but I'd be glad if I could go without glasses like you.
   How are your eyes?

A I have perfect twenty-twent eyes.
   How long have you worn glasses?

B I've worn glasses ever since I was twelve years old.

A If you take off your glasses, are you blind as a bat?

B Yes, I am.

안경점에서 (1)

안경 때문에 품위 있어 보입니다.

A 안경을 끼시니 훌륭해 보이십니다.
  안경 때문에 학자처럼 그리고 품위 있어 보이십니다.

B 그렇게 말씀해주시니 감사합니다만 당신처럼 안경 없이 지낼 수 있으면 기쁘겠어요.
  시력은 어떠십니까?

A 완벽한 20/20입니다. [완전한 시력 정상의 눈입니다]
  안경은 얼마나 착용해 오셨습니까?

B 저는 12살이래 계속 써 왔습니다.

A 만일 안경을 벗으시면 하나도 안보이십니까?

B 네, 그렇습니다.

Words & Phrases

in glasses 안경을 쓰니
like you 당신처럼
ever since …이래, …한 때부터 내내, …한 이래 죽
be blind as a bat 소경이나 다름없다, 눈이 멀었다
twenty-twenty 시력정상의
be [go] bats 머리가 돌다
go full bat 전속력으로 가다

Situation 83

At an optician (2)

It runs in my family.

A I guess you must have done a lot of reading.

B No, I read books no more than the next man.

A You mean that bad eye-sight runs in your family?

B Yes, it runs in my family.

A Have you tried the new soft contact lenses? They say they're pretty good.

B Yes, I've tried newly-developed ones.

A How did you like them?

B They didn't give me any trouble.

A They've developed contacts that don't bother you, haven't they?

유전입니다.

A 독서를 많이 하셨던가 보죠.

B 아닙니다. 남보다 책을 읽은 것은 아닙니다.

A 눈 나쁘신 것이 유전이란 말씀이신가요.

B 네, 저희 집안의 유전입니다.

A 새로 나온 편한 콘택트 렌즈를 써보셨나요?
꽤 좋다고들 하던데요.

B 네, 새로 개발된 것들을 써봤습니다.

A 어떻든가요?

B 전혀 거북하지 않았습니다.

A 불편을 주지 않는 콘택트 렌즈를 개발해냈군요.

Words & Phrases

guess [ges] 추측하다, 추단하다
bad eyesight 나쁜 시력
develop [divéləp] 자원, 토지 등을 개발하다
bother [báðər] …을 괴롭히다, 귀찮게 하다, 성가시게 하다

Situation 84

At an optician (3)

Now I don't mind at all.

A What did you feel when you first started wearing glasses?

B I felt a bit self-conscious.

A What do you feel now?

B Now I don't mind at all.

A Do you wish to play rough sports like others can.

B Yes, I do. I wish I could do.

A I feel sorry for that.
Strange as it may sound, once I had had poor sight but later I recovered it.

B That's quite possible.

안경점에서 (3)

지금은 아무렇지도 않습니다.

A 처음 안경을 쓰기 시작했을 때 느낌이 어떻던가요?

B 사람 앞이 조금 꺼려지더군요.

A 지금은 느낌이 어떠신가요?

B 지금은 전혀 아무렇지도 않습니다.

A 남들처럼 거친 운동을 하고 싶으신가요?

B 네, 그렇습니다. 할 수 있으면 좋을텐데요.

A 안타깝습니다. [동정이 갑니다]
   이상하게 들리실지 모르지만 한 때 저는 시력이 나빴습니다만 나중에 회복했습니다.

B 있을 수 있는 일입니다.

Words & Phrases

start [stɑərt] …기 시작하다
mind [maind] [부정, 의문문, 조건문에서] 거북해하다, 싫어하다
play rough sports 거친 운동을 하다
recover [riːkʌvər] 되찾다, 도로 찾다, 회복하다
a bit self-conscious 사람 앞이 조금 꺼려지는

Situation 85

At an optician (4)

Is permanent one more expensive?

A Can I help you, sir?

B Yes, I want contact lenses.

A We have both domestic and imported ones.
   For imported lenses, we've got permanent ones and semi-permanent ones.

B Is permanent one more expensive?

A Yes, of course.

B How's wear feeling?

A As the permanent lens contains a high percentage of water, wear feeling will be much better.

안경점에서 (4)

영구적인 것이 더 비쌉니까?

A 도와드릴까요?

B 네, 콘택트 렌즈가 필요합니다.

A 국산품과 수입품 양쪽 다 있습니다.
수입 렌즈로는, 영구적인 것과 반영구적인 것이 있습니다.

B 영구적인 것이 더 비싼가요?

A 네, 물론입니다.

B 착용감은 어떻습니까?

A 영구적인 렌즈는 수분 함유량이 많아서 착용감이 더 훨씬 좋으실 겁니다.

Words & Phrases

contact lens [kántækt lènz] 콘택트 렌즈
domestic [dəméstik] 자국의, 국산의, 자가제의, 가정의, 가사의
import [impɔ́ːrt] 상품을 수입하다, 의견·감정·습관 등을 가지고 들어오다
permanent [pə́ːrmənənt] 영속하는, (반)영구적인, 불변의, 내구의, 상설의
semi-permanent [sèmi pə́ːrmənənt] 일부 영구적인, 반영구적인
expensive [ikspénsiv] 비용이 드는, 값비싼, 고가의, 사치스러운(costly)
wear feeling 착용감
contain [kəntéin] 안에 담고 있다, 포함하다, 품다, 담을 수 있다

Situation 86   At an optician (5)

What's the price of steady wear?

A   Home-made lenses are good, too.

B   What's the price of steady wear?

A   For steady wear, 100dollars for perma, 80dollars for B.

B   How about daily wear?

A   60dollars for home-made lense.
    80dollars for permanant.

B   I want international general lenses.
    Home-made lenses will do.

A   Very good, sir.

안경점에서 (5)

지속적인 렌즈는 얼마입니까?

A 국산 제품도 좋습니다.

B 지속적인 렌즈[착용]는 얼마입니까?

A 지속적인 렌즈는 퍼머가 100달러, 바슈롬이 80달러입니다.

B 일일착용렌즈는 어떻습니까?

A 국산이 60불이고, 퍼머가 80불입니다.

B 나는 국제 일반 렌즈가 필요합니다.
   국산품도 됩니다.

A 알겠습니다, 선생님.

Words & Phrases

home made [hóum méid] 국산의, 집에서 만든, 손수 만든
steady wear 지속적인 렌즈[착용]
daily wear 매일 착용렌즈
will do 소용이 될 것이다

Situation 87

At an optician (6)

Please talk up our goods [optician].

A In that case, we allow a discount.
   Then we'll make no profit.
   Please sterilize it by solution.
   They usually last more than 10days.
   When they give you much trouble, get them out and get the protein out.

B Thank you for the full explanation.

A You're more than welcome.
   When you get back home, please talk up our goods [our optician].

B Sure.

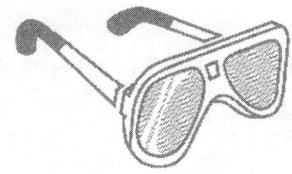

안경점에서 (6)

저희 상품[가게]을 선전해 주십시오

A   그러시면 감해 드리겠습니다.
    그러면 저희는 이문이 없습니다.
    용액으로 소독하세요.
    보통 10일 이상 갑니다.
    몹시 거북하시면 빼내어 단백질을 제거하세요.

B   자세히 설명해 주셔서 감사합니다.

A   원 천만에요.
    집에 돌아가시면 저희 상품[가게]을 선전해 주십시오.

B   해드리고 말고요.

Words & Phrases

sterilize [stérəlàiz] 살균[멸균・소독]하다, 불임케 하다, 단종 하다
solution [səlúːʃən] 용액, 용해제, 녹임, 녹음, 분해, 해제, 분리, 해결
get the protein out 단백질을 닦아내다
full explanation 자세한 설명, 충분한 설명
optician [ɑptíʃən] 안경상, 광학 기계상

Situation 88

At an optician (7)

I want to have a pair of glasses on order.

A   Can I help you, sir?

B   Yes, I want to have a pair of glasses on order.

A   Do you want metal-rimmed glasses or horn-rimmed one?
Please pick out what you like.

B   I have no special choice.

A   In that case, I would recommend this one here.
Please try this one on.
You look nicer in plastic frame than in gold-rim.

B   Do I ?

안경점에서 (7)

안경을 맞추고 싶습니다.

A 도와드릴까요?

B 네, 안경을 맞추고 싶습니다.

A 금테와 뿔테가 있습니다.
마음에 드시는 것을 고르시죠.

B 어떤 것이 좋은지 모르겠습니다.

A 그러시면 여기 이것들을 권하고 싶습니다.
이것들을 껴보시죠.
금테보다는 뿔테 안경을 끼시니 대단히 멋있어 보입니다.

B 그래요?

Words & Phrases

metal-rimmed glasses 금테 안경
horn-rimmed one 뿔테 안경
recommend [rekəménd] 권하다, 충고[권고]하다, 추천[천거]하다
in plastic frame 플라스틱 테를 쓰시니[쓰고]

Situation 89 — At an optician (8)

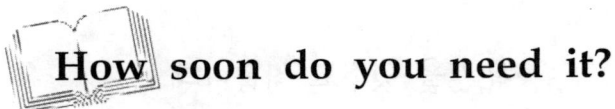 **How soon do you need it?**

A Would you please take an eye test?
   Eye test is done for nothing (free of charge).

B Sure.

A Come this way, please.
   Eye test chart is over here.
   Both eyes differ in sight.
   Your right eye has better sight.

B I'll take a plastic frame [rim][horn-rimmed].
   When can I pick it up?

A How soon do you need it?

B The sooner the better.

A Very good, sir. We'll get it ready by coming Friday.

안경점에서 (8)

언제까지 필요하십니까?

A 시력 검사를 받지 않으시겠습니까?
시력 검사는 무료로 해드립니다.

B 하고 말고요.

A 이쪽으로 오시죠.
시력 검사표가 이쪽에 있습니다.
시력이 다르십니다.
오른쪽 눈이 시력이 더 좋습니다.

B 뿔테를 쓰겠습니다. 언제 찾을 수 있을까요?

A 언제까지 필요하십니까?

B 빠를수록 좋습니다.

A 알겠습니다. 오는 금요일까지 해놓겠습니다.

Words & Phrases

take an eye test 시력 검사를 받다
eye test chart 시력 검사표
frame [freim] 안경테, 뼈대, 체격, 구조, 만듦새, 창틀, 테두리
rim [rim] 테
horn-rimmed 뿔테로 된

Key Words

spectacles for aged, farsighted glasses : 돋보기 = reading glasses
magnifying glass, a magnifier : 화경, 확대경, 돋보기
see through a magnifying glass : 돋보기로 보다
short sight, nearsightedness : 근시 = myopia
long sight, farsightedness, hypermetropia : 원시
glasses for the farsighted : 원시경
a hypermetropic [far-sighted] eye : 원시안
long sight = far sight : 원시, 선경지명, 통찰력
goggles : 먼지 막이, 배 행사용 안경
rimless glasses : 테 없는 안경
wear strong glasses : 도수 높은 안경을 끼다(쓰고 있다)
put on glasses : 안경을 쓰다
wear glasses : 안경을 쓰고 있다
take [off / wipe] one's glasses : 안경을 [벗다 / 닦다]
look over (the edge of) one's glasses : 안경 너머로 보다
What's the number of your glasses? 안경이 몇 도 입니까?
the bows [temples] of a pair of spectacles : 안경다리
imprints on the skin from wearing glass : 안경 자국
a spectacled person, a glasses-wearer : 안경쟁이
the rim [frame] of a pair of spectacles : 안경테
gold-rimmed spectacles : 금테안경
reading glasses : 독서용 안경
colored [tinted] glasses, sunglasses : 색안경
glasses = eyeglass : 안경, 쌍안경
eyeglass : 안경의 알 pl. 안경, 대안렌즈

sand glass : 모래시계
frame : 안경테
optician : 안경 가게
glassy eyes : 흐리멍덩한 눈
eyeball : 눈알, 안구
eyelid : 눈꺼풀
eye lotion : 안약 점안액
eyepatch : 안대
lens : 렌즈, 사진기의 복합렌즈
eye bank : 안구[각막]은행
eye chart : 시력 검사표
eye doctor : 안과의사, 검안사
get an eyeful : 실컷 보다, 눈요기하다
not bat an eyelid : 눈 하나 깜짝하지 않다, 태연하다
eye measure : 눈어림, 눈대중
eye-opener : 아침술, 눈이 휘둥그래질만한 것[짓], 진상을 밝히는 새 사실
eye-opening : 괄목할만한, 놀랄만한
eyepiece : 대안렌즈, 대안경
eyesight : 시력, 시각, 견해
an eye for an eye : 눈은 눈으로(같은 수단 방법에 의한 보복)
be all eyes : (온 몸이 눈이 되어) 열심히 주시하다, 공공연히
before one's (very)eyes : (바로) 눈앞에서
by (the) eye : 눈어림 [눈대중]으로
catch [strike] the eye : …이 눈에 띄다
cannot believe one's eyes : 자기 눈을 의심하다

ship's glass : 망원경
bow : 안경테, 나비넥타이
a spectacle lens : 안경알
eye drops : 안약
eye drop : 눈물(tear)
eyedropper : 검안기
eye-level : 눈 높이
eyestrain : 눈의 피로

Situation 90 — At a fruit store (1)

After all, Taegu apples come first.

A Good afternoon, ma'am. Can I help you?

B Yes, thank you. I want to get a box of apples.

A We've got a good supply of fresh apples today.

B My husband wanted me to get Taegu apples.

A He did. These apples arrived from Taegu just this morning.
   As you see, they're very fresh.

B I've eaten Taegu apples twice.
   They're very sweet and juicy.

A After all, Taegu apples come first, you know.

B How much is a box of apples?

A 30,000won, ma'am.

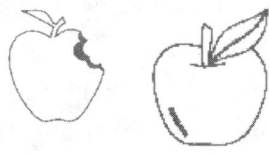

과일가게에서 (1)

뭐니뭐니 해도 대구 사과가 으뜸이지요

A 안녕하세요, 사모님. 무얼 드릴까요? [도와드릴까요?]

B 네, 고마워요. 사과 한 상자 사려구요.

A 오늘은 싱싱한 사과가 많이 있습니다.

B 남편이 대구 사과를 사오라고 해서요.

A 그러셨군요.
이 사과들이 막 오늘 아침에 대구에서 올라왔습니다.
보시는 바와 같이 대단히 신선합니다.

B 대구 사과를 두 번 먹어 봤어요.
달고 물도 많더군요.

A 뭐니뭐니 해도 대구 사과가 우선이지요, 뭐.

B 한 상자에 얼마입니까?

A 30,000원입니다.

Words & Phrases

a good supply of... 충분한 양의
supply [səplái] 비축품 등의 양, 공급하다, 보충하다, 수요에 응하다
fresh [freʃ] 새로운, 신선한, 싱싱한, 갓 만든, 신규의, 다시 하는
arrive [əráiv] 물건이 도착하다, 어떤 연령·시기·결론·확신 등에 도달하다
twice [twais] 두 번, 2회, 두 배로

Situation 91 — At a fruit store (2)

I want to get some Cheju tangerines.

A Anything else, ma'am?

B I want to get some Cheju tangerines.

A We've got sweet tangerines that arrived from Cheju just this morning.

B Are they sold by the kilo?

A Yes, they are.

B How much are they per kilo?

A The price ranges from 5,000won to 8,000won, depending on the species.

B How much are the sweetest ones?

A They cost 8,000won per kilo but we can let you buy at 7,000won per kilo.

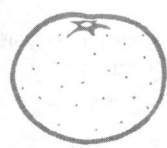

과일가게에서 (2)

제주산 귤도 좀 주세요

A 그밖에 필요하신 것은?

B 제주산 귤을 좀 사려구요.

A 오늘 아침에 막 올라온 단 귤이 있습니다.

B 킬로로 파십니까?

A 네, 그렇습니다.

B 킬로당 얼마나 합니까?

A 가격은 귤의 종에 따라 5,000원에서 8,000원까지 있습니다.

B 제일 단 [맛있는] 것들은 얼마입니까?

A 킬로당 8,000원 나갑니다마는 7,000원에 드리겠습니다.

Words & Phrases

tangerine [tændʒəríːn] 탕해르 오렌지(나무), 진한 등색
range from 온도계 등이 오르내리다, 변화하다,
depending on …에 따라서
species [spíːʃiz] 종류
sweetest [swíːn] 가장 단, 가장 달콤한, 가장 감미로운, 가장 맛 좋은

Situation 92

At a fruit store (3)

We're supposed to lay in a fresh stock on friday.

A   Hello. is HIGH Q FRUIT STORE. Can I help you?

B   Yes. We're planning on going on a picnic to Chungpyung.

A   Would you like to take some fruits?

B   Yes, we want a box of apples, a box of melons and two lumps of watermelons.

A   We've got very fresh fruits.
    When are you leaving?

B   We're leaving at about 9:30 on Saterday.

A   You are. We're supposed to lay in a fresh stock on Friday.
    Will the Friday supplies do?

B   Yes, they'll do. Please get them ready by 9 o'clock.

과일가게에서 (3)

저희는 금요일에 새 물건을 들여놓습니다.

A 여보세요. 하이큐 과일점입니다. 도와드릴까요?

B 네, 저희는 청평으로 야유회를 갈 계획입니다.

A 과일을 가져 가시려구요?

B 네, 사과 한 상자, 참외 한 상자 그리고 수박 두 덩이가 필요합니다.

A 대단히 신선한 과일이 있는데요. 언제 떠나십니까?

B 토요일 9시 30분경에요.

A 그러시군요.
저희가 금요일에 새 물건을 들여놓습니다.
금요일 들여놓는 과일이면 되겠습니까?

B 네, 그거면 되겠습니다. 9시까지 준비해놓으세요.

Words & Phrases

fruit store 과일가게
melon [nélən] 멜론, 참외
watermelon [wɔ́ːtəmèlən] 수박
stock [stɑk] 비축, 저장, 축적, 저장품, 재고품, 사들인 물건
lay in 사 모아 저장하다

Situation 93 — At a fruit store (4)

Where did these come from?

A Can I help you, sir?

B Yes, I want to get two hands of bananas.

A We've got many fresh bananas.

B Where did these ones over here come from?

A Those came from philippines.
   This tag shows the certifiate of origin.

B How much is a hand?

A It depends on the sizes.
   Each tag shows the price.

B How much are those that still look a bit green?

A 5,000won a hand.

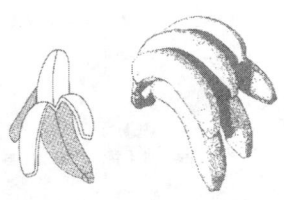

과일가게에서 (4)

이것들은 어디산입니까?

A 선생님, 도와드릴까요?

B 네, 바나나 두 송이 살까 하구요.

A 신선한 바나나가 많습니다.

B 이쪽에 이것들은 어디 산입니까?

A 필리핀 산입니다.
   이 꼬리표에 원산지 증명이 쓰여 있습니다.

B 한 송이에 얼마입니까?

A 크기에 달려있습니다.
   꼬리표마다 가격이 명시되어 있습니다.

B 조금 안 익어 보이는 저것들은 얼마입니까?

A 한 송이에 오천원입니다.

Words & Phrases

Philippines [fíləpíːnz] 필리핀 공화국
tag [tæg] 꼬리표, 정가표, 부전, 교통 위반 딱지
certificate of origin [sə(ː)rtífikət ʌv ɔ́ːrəʤin] 원산지 증명서
each tag 정가표마다
origin [ɔ́ːrəʤin] 출처, 기원, 발단, 유래, 원인, 원천

Situation 94

At a fruit store (5)

Fifty-fifty, please.

A   Hello. Can I help you, ma'am?

B   Yes, this is Jane. I'm one of your regular customers.

A   Yes, I recognize your voice.
    You live at 301ho 3dong, don't you?

B   That's right.

A   What do you want, ma'am?

B   I want 7 hands of bananas.

A   Do you want ripe ones or green ones?

B   Fifty-fifty, please.

A   Very good, ma'am. Do you want to have your purchases delivered to your home?

B   Yes, please.

과일가게에서 (5)

반 반으로 주세요

A 여보세요. 도와드릴까요?

B 네, 저는 제인입니다. 귀점의 단골 중에 한 사람입니다.

A 네, 음성 듣고 알겠습니다. 3동 301호에 사시죠.

B 맞습니다.

A 무엇이 필요하십니까?

B 바나나 7송이를 쓰려구요.

A 익은 것을 드릴까요. 덜 익은 것을 드릴까요?

B 반 반 주세요.

A 알겠습니다. 사신 물건을 집까지 배달해 드릴까요?

B 네, 부탁합니다.

Words & Phrases

regular customer [régjulər kʌ́stəmər] 마음에 맞는 단골
recognize [rékəgnàiz] 인정하다, 인지하다, 알아보다, 본 기억이 있다
ripe [raip] 익은, 마시기에[먹기], 알맞게 된, 숙성한
green [gri:n] 과일 등이 익지 않은, 원기 왕성한, 젊은, 활기 있는, 싱싱한
purchase [pə́:rtʃəs] 산 물건, 구매, 구입, 구입물

Key Words

fruit basket : 과일 바구니
fruit dealer [seller], fruiterer : 과일장수, 청과상
green stuff : 청과
fruits, greens, (fresh) produce : 청과류
bear [produce] fruit : 열매를 맺다, 효과를 내다
feed on fruit : 새나 짐승이 과일을 먹고 살다
grow fruit : 과일을 재배하다
the fruits of one's labors : 노고의 결과
the fruits of the earth [ground] : 지상의 농작물
fruitage : 집합적으로 과일, 열매(fruits), 성과, 소산
fruitarian : 과일상식자, 과식주의자
fruit bud : 열매가 될 싹
fruit cup : 잘게 썬 과일을 컵에 넣은 디저트
fruiter : 열매를 맺는 나무, 과수 재배자, 과일 운반선(fruit ship)
fruiteress : 여자 과일장수
fruit fly : 과일 파리
fruitful : 열매를 많이 맺는, 풍작을 가져오는, 비옥한, 수확이 많은
come [be brought] to fruition : 계획 등이 결과를 맺다
fruit jar : 유리 과일병
fruit juice : 과즙
fruit knife : 과도
fruitless : 열매를 맺지 않는, 보람[효과] 없는, 헛된
fruitlessly : 보람 없이, 헛되이, 효과 없이
fruitlet : 작은 과일, 씨
seedless : 씨 없는
fruit-piece : 과일 정물화

superficial [half, shallow] knowledge, a smattering : 수박 겉핥기

fruit ranch : 과수원

fruit sirup : 과즙시럽

fruit sugar = fructose : 과당

saccharinity : 당도

fruit tree : 과수, 과목

fruit wine : 과실주《포도주 이외의》

fruit wood : 가구용 과수재목

fruity : 과일 같은, 과일 맛이 나는, 소리 등이 성량이 풍부한, 낭랑한, 《구》 흥미진진한, 아주 재미나는, 암시적인, 외설적인, 노골적인 《미속》 남자동성애의

pear : 배, 배나무, 배처럼 생긴 물건

killing two birds with one stone : 배 먹고 이 닦기

apple of love : 토마토《별명》

Carthaginian apple : 석류

Jew's apple : 가지

the apple of one's [the] eye : 눈동자, 장중 보옥, 매우 소중한 것

apple blossom : 사과 꽃

apple brandy : 사과 브랜디

apple butter : 잼 모양의 사과 버터,《미방》 능변, 수다스러움

applecart : 사과장수의 손수레

upset the [a person's] applecart : …의 계획을 망쳐놓다

apple dumpling : 사과를 넣어 찐 경단

apple orchard : 사과밭,《속》야구장

apple-polish :《구》…의 비위를 맞추다, 아첨하다

237

Situation 95

At a greengrocer's (1)

I'm going to make as much salad as I can.

A My honey! What's your plan for today?

B Well, it's hard to say off hard.
   It's still up in the air.

A We're expecting some officials in responsible posts after work, and I want you to get everything ready well in advance.

B Put your mind at ease.
   I'm going to make as much salad as I can.

A Thank you.

B By what time do you want me to get it ready?

A By six o'clock.

B No problem.

야채가게에서 (1)

가능한 한 많은 샐러드를 만들 예정입니다.

A 여보! 오늘의 계획이 뭐죠?

B 글쎄요. 준비 없이 말하기가 어렵군요.
　아직 미정입니다.

A 오늘 퇴근 후에 간부 몇 사람이 집에 갈테니,
　모든 걸 미리 잘 준비해주기 바래요.

B 그 점은 안심하세요.
　가능한 한 많은 샐러드를 만들 예정입니다.

A 고마워요.

B 몇 시까지 준비해놓으면 되지요?

A 여섯시까지요.

B 문제없어요.

Words & Phrases

still [stil] 아직(도), 상금, 지금까지도, 여전히
in advance 미리, 앞서서, 선금으로, 입체하여
get it ready 준비하다

Situation 96

At a greengrocer's (2)

I want some fresh vegetables for salad.

A Good afternoon, ma'am.

B Good afternoon.

A You're doing your marketing a bit late today.

B Yes. I've got good reason to do so.

A What can I do for you, ma'am?

B I want some fresh vegetables for salad.

A You're going to make a salad, aren't you?

B Yes, we're expecting company.

A How many are you expecting?

B 10 or so.

A In that case, I'll gather all together.
I'm sure you'll need some tomatoes, apples, cucumbers, bananas celery and five heads of lettuce.

야채가게에서 (2)

샐러드용 싱싱한 야채를 사고 싶습니다.

A 안녕하세요, 부인.

B 안녕하세요.

A 오늘은 장 보시는게 좀 늦으셨군요.

B 네, 그럴만한 이유가 있지요.

A 오늘은 무얼 사시려구요?

B 샐러드용 싱싱한 야채를 원합니다.

A 샐러드를 만드실 예정이신가요?

B 네, 손님이 오십니다.

A 몇 분이나 예상하십니까?

B 열 분쯤이요.

A 그러시면 제가 모두 챙겨드리죠.
토마토 좀 하고 사과, 오이, 바나나, 셀러리 그리고 상추 다섯 머리가 필요하실 것으로 믿습니다.

Words & Phrases

expect [ikspékt] 기다리다, 기대하다, 예기[예상]하다
company [kʌ́mpəni] [집합적] 손님, 방문자
cucumber [kjúːkʌmbər] 오이

Situation 97 — At a greengrocer's (3)

They must be ripe and sweet.

B How much in all?

A It all comes to 20,000won.
Anything else, ma'am?

B Well, I think I'd better consult my shopping list.
Well, my goodness! Good thing you reminded me. There's one thing I've left out.
I want three lumps of watermelon.
They must be ripe and juicy [sweet].

A Of coure, ma'am. They were picked only this morning.

야채가게에서 (3)

익어서 달아야 합니다.

B 모두 얼마죠?

A 모두 20,000원입니다. 그밖에 사실 것은?

B 글쎄요! 살 물건을 적은 메모를 보는게 좋겠어요.
이런 내 정신 좀 봐! 다행히도 생각나게 해주셨습니다.
깜빡 한 것이 한 가지 있군요.
수박 세 덩이가 필요합니다.
잘 익어 맛있어야 하는데요. [달아야 하는데요]

A 물론입니다. 오늘 아침에 막 딴것들입니다.

Words & Phrases

consult my shopping list 살 물건의 품목을 적은 메모를 보다
leave out 잊다, 생략하다, 무시하다, 제외하다
watermelon [wɔ́:tərmelən] 수박
ripe and juicy [sweet] 잘 익어 수분이 많은[단]
have left out은 leave out의 현재완료형

Situation 98   At a greengrocer's (4)

I can assure you they're sweet.

A   Can I help you, ma'am?

B   Yes, I want some watermelons.
Are these ripe and juicy?

A   Yes, I can assure you they're sweet.

B   Have you got good cabbages fresh from the field?

A   Yes, they were picked only this morning.
The price depends on sizes.

B   I want this medium-sized one here.

A   Anything else, ma'am?

B   Have you got new potatoes?

A   Yes, we're got cheju-do new potatoes.

B   I'll take two large bags.
I think it's much cheaper than buying them in small quantities.

야채가게에서 (4)

맛을 책임지겠습니다.

A 무얼 드릴까요?

B 수박을 좀 사려구요. 이 수박들이 익어서 맛이 있을까요?

A 달고 맛있는 걸 보증할 수 있습니다.

B 밭에서 막 가져 온 좋은 배추 있습니까?

A 네, 오늘 아침에 뽑은 것들입니다.
값은 크기 나름입니다.

B 여기 중간치 배추가 필요합니다.

A 그밖에 다른 것은 없으십니까?

B 햇감자 있습니까?

A 네, 제주도 햇감자가 있습니다.

B 큰 것 두 봉지 가져가겠어요.
소량을 사는 것보다 훨씬 쌀 것 같은데요.

Words & Phrases

assure [əʃúər] 보증하다, 보장하다, 책임지다
cabbage fresh from the field 밭에서 막가져온 싱싱한 배추
depend on 나름이다, 달려있다
medium-sized one 중형의 것
potato [pətéitou] 감자

Situation 99

At a greengrocer's (5)

We've got a good supply of fresh melons now.

A Come right in, please. Can I help you, sir?

B Yes. I'd like to buy a box of melons.
They're for a housewarming party.

A You've come at a good time.
We've got a good supply of fresh melons now.
In that case, personally I would recommend these ones here.
Don't you think they're neither too big nor too small?

B You talk my language. I'll take them.

A Anything else, sir.

B No, that's all.
I told my wife to get other things we need.

A The box shows the price and the certificate of origin.

야채가게에서 (5)

지금 싱싱한 참외가 많습니다.

A 어서 오십시오. 무얼 사시려구요?

B 참외 한 상자 사고 싶습니다.
  집들이 파티에 쓸 것입니다.

A 때마침 잘 오셨습니다. 지금 싱싱한 참외가 많습니다.
  그러시면 저 개인적으로 여기 이것들을 권하그 싶습니다.
  너무 크지도 않고 너무 작지도 않다고 생각지 않으십니까?

B 나와 같은 생각을 하고 계시군요.
  그것들을 사겠습니다.

A 그밖에 또 필요하신 것은 없으십니까?

B 아니오. 다 됐습니다.
  다른 것들은 부인보고 들여놓으라고 했습니다.

A 상자에 가격과 원산지 증명이 나와있습니다.

Words & Phrases

housewarming party 집들이 파티
personally [pə́:rsənəli] 개인적으로
the certificate of origin 원산지 증명

Key Words

grow [raise] vegetables : 야채를 가꾸다
grow garden truck [stuff] : 시장을 상대로 야채를 가꾸다
add some greens to a meat dish : 고기요리에 야채를 곁들이다
grow [raise] vegetables on the farm : 농장에서 야채를 가꾸다
kitchen [vegetable] garden : 가정의 야채밭, 채원
truck farm [garden] : 시장 상대 야채밭
greens, vegetable dish : 야채요리
greengrocer : 야채장수
vegetable peddler : 야채장수 행상인
noodle soup with vegetables : 야채탕면
braise mixed vegetables : 모듬 야채볶음
green vegetables : 푸성귀, 신선한 야채요리
live on vegetables : 채식하다
vegetable butter : 식물성 버터
vegetable marrow : 서양호박의 일종
vegetable tallow : 식물유
vegetable wax : 목랍
vegetal : 식물(성)의
vegetal functions [the~] : 식물성 기능
vegetarian : 채식(주의)자 a. 채식주의의
vegetarianism : 채식[주의]
vegetate : 식물처럼 생장하다, 초목 같은(단조로운) 생활을 하다, 하는 일이 없이 지내다, 흐리멍텅한 생활을 하다
vegetation : 집합적 초목, 한 지방(특유의)식물, 발육·생장·영양에 관한(vegetative)
tropical vegetation : 열대식물

vegetative : 성장력 있는, 성장하는, 식물처럼 살고 있는, 무위도식의
veggie, veggy : 채식주의(자)의, 채식주의자
in the green wood [tree] : 한창 기운 좋은 [번영하는] 때에
keep a memory green : 잊지 않고 기억해두다
in the green : 혈기왕성하여
green bean : 식용의 깍지콩, 콩깍지
green belt : 도시주변의 녹지대
green corn : 풋옥수수《요리용의 덜여믄》
greenery : 집합적 푸른 잎[나무], 녹수 장식용의 푸른 가지[잎], 온실(greenhouse)
greenfield : 전원[미개발] 지역의, 녹지대의
green food : 채소, 야채
greengage : 서양자두(plum)의 우량 품종
green goods : 청과, 야채
greengrocery : 청과류 판매(업), 채소장사, 집합적 채소류, 청과류
greenhorn : 미숙한 사람, 초심자, 풋내기, 얼간이
greening : 청사과, 회춘, 재생, 녹화, 연맥, 재배채소어 해 쪼이기
greenly : 초록빛으로, 새롭게, 신선하게, 싱싱하게, 원기 있게, 미숙하게, 어리석게
green manure : 녹비, 안 썩은 퇴비
green mold : 푸른 곰팡이, 누룩곰팡이, 푸른곰팡이 병
greenness : 초록색, 신선함, 미숙
green onion : 골파《셀러드 양념용》
green pepper : 양고추, 피망(pimiento)
green revolution : 녹색혁명《품종 개량에 의한 식량 대증산》
greenstuff : 청과류, 야채류

Situation 100 — At a fish shop (1)

I'm going to get some raw fish stuff.

B My honey! What are you going to do today?

A I'm supposed to go to Noryangjin marine products market.

B Who's going with you?

A With next door woman.

B For what?

A I'm going to get some raw fish stuff.

B That sounds good. I wanted to try eating.
It's said to be very delicious.

A More than delicious. Since we've been in Korea going on one year, it's high time for us to eat Korean food like seasoned raw fish.

B You can say that again.
Can I invite two of my co-workers.

A Suit yourself.

생선가게에서 (1)

횟감을 좀 살 예정입니다.

B 여보! 오늘 무엇을 할 예정입니까?

A 노량진 수산시장에 가려구요.

B 누구랑 같이 가죠?

A 옆집 부인과 같이 가요.

B 무엇 하러가요?

A 횟감을 좀 사려구요.

B 듣던 중 반가운 소리군요. 시험삼아 먹어보고 싶었어요. 맛있다던데요.

A 맛있는 정도가 아닙니다.
한국에 사는 지가 일년이 다 되어 가니, 우리가 생선회 같은 한국음식을 먹을 때도 됐지요.

B 맞아요. 같이 일하는 사람 2명 정도 초대해도 될까요?

A 좋을대로 하세요. [마음대로 하세요]

Words & Phrases

supposed [səpóuzd] …하기로 되어 있어
marine products market 해산물시장   raw fish stuff 횟감
seasoned [síːznd] 양념한, 나무 등이 잘 마른, 사람·동물이 길든
co-worker [kóuwəːrkər] 같이 일하는 사람, 협력자(fellow worker)

Situation 101   At a fish shop (2)

This is where you can get fish at a retail or whole sale price.

B   Here we are, Mrs. Brown.
     This is what they call Noryangjin marine products market. [fish market]

A   What a nice market!

B   This is (the place) where you can get fish at a retail or wholesale price.
     Raw fish stuff is being sold over there.
     Please come this way.

A   Is this always crowded like this?

B   Yes, Mrs. Brown.
     I'll put in a good word for you because fishmongers don't speak English.

A   I'd appreciate it you would.

생선가게에서 (2)

여기가 생선을 도·소매 값으로 살 수 있는 곳입니다.

B 다 왔습니다, 브라운 여사님.
   여기가 소위 말하는 노량진 수산시장입니다.

A 참 좋은 시장이네요!

B 여기가 생선을 도·소매 금으로 살 수 있는 곳입니다.
   횟감은 저쪽에서 팝니다. 이쪽으로 오시죠.

A 여기는 늘 이렇게 붐비나요?

B 네, 브라운 여사님.
   생선장수들이 영어를 못하기 때문에 제가 말씀을 잘 해드리겠습니다.

A 그래주시면 고맙겠습니다.

Words & Phrases

at a retail or wholesale price 소매 또는 도매 값으로
be crowded 붐비다, 혼잡하다, 만원이다
fishmonger [fíʃmʌŋgər] 생선장수
crowded [kráudid] 붐비는, 혼잡한, 만원의, 사람·물건 등으로 장소가 가득 차서, 파란만장의

Situation 102

At a fish shop (3)

I'd be glad to patronize.

A Can I help you, ma'am?

B I want to buy some raw fish stuff.

A Ah, you do! Is this your first time to Noryang-jin fish market?

B Yes, it is. This market is confusing.

A I'm sure you'll get used to it gradually.

B Your English sounds pretty good to me.

A Thank you, ma'am but not too good now.
   I have a long way to go yet.
   I hope you'll patronize our store Mrs. Brown.
   If you will, we can give you better price.

B Since you speak good English, I'd be glad to patronize. Thank you very much.

생선가게에서 (3)

단골이 되어 드리겠습니다.

A 도와드릴까요, 사모님?

B 횟감을 좀 사려구요.

A 아, 그러시군요! 노량진 수산시장엔 처음 오셨나요?

B 네, 그렇습니다. 이 시장은 뭐가 뭔지 모르겠어요.

A 익숙해지실 겁니다.

B 영어를 잘 하시는군요.

A 감사합니다만 현재는 잘 못합니다. 아직 멀었습니다.
브라운 여사님, 앞으로 단골로 찾아주시기 바랍니다.
만일 그래주시면 값을 잘 해드릴 수 있습니다.

B 영어를 잘하시니까 이 상점에 단골이 되어 드리겠습니다.
대단히 감사합니다.

Words & Phrases

raw [rɔː] 날 것을, 덜 익은[구운], 가공하지 않은, 원료 그대로의
confusing [kənfjúːziŋ] 혼란시키는[듯한], 당황케 하는
gradually [grǽdʒuəli] 차차, 차츰, 점차로
sounds [saunz] 생각되다, 느껴지다, …하게 들리다
patronize [péitrənàiz] 단골로 다니다, 단골이 되다, 선심을 쓰고 돌봐주다

Situation 103   At a fish shop (4)

They were caught only this morning.

A Just for your information, we lay in a fresh supply from Inchon every day.

B May I ask you when these were caught?

A They were caught only this morning.

B They were. They must have wriggled until only about five hours ago.

A That's right, ma'am.

B Look! it's still wriggling.

A We've got some tunas still wriggling, ma'am. Would you like to take them?

B Yes, I would.

생선가게에서 (4)

오늘 아침에 막 잡았습니다.

A 참고적으로 말씀드리면, 저희는 매일 인천으로부터 갓 잡은 생선을 사들여 팝니다.

B 이것들이 언제 잡힌 것입니까?

A 오늘 아침에 막 잡았습니다.

B 그랬군요. 불과 약 다섯 시간 전에는 꿈틀 꿈틀 했겠네요.

A 맞습니다.

B 저것 봐! 아직 꿈틀거리네.

A 아직 꿈틀거리는 다랑어가 있습니다.
그것들을 가져가시겠습니까?

B 네, 그러고 싶어요.

Words & Phrases

must have wriggled 꿈틀거렸겠다
wriggle [rígl] 꿈틀거리다, 몸부림치다, 꿈틀거리며 돌아다니다
some tunas still wriggling 여전히 꿈틀거리는 다랑어를 좀
would you like to …하시기 원하십니까?

Situation 104

At a fish shop (5)

Do you know how to slice raw fish?

A Do you know how to slice raw fish?

B I'm afraid I don't.

A I'll show you. Just slice it like this.
Once you know it, it's easy, you know.

B Thank you for the full explanation.

A You're more than welcome Incidentally, just for your information, Here in Korea, tuna is usually eaten raw.
It's cut into thin slices like this and served with vinegar and gochujang [hot bean paste].
We call it "Chogochujang."
It so happens that we've got some here.

B Can I try a piece?

A Of course, ma'am.

생선가게에서 (5)

회를 치실 줄 아십니까?

A 회를 치실 줄 아십니까?

B 자신이 없습니다.

A 가르쳐 드리겠습니다. 그냥 이렇게 써세요.
일단 경험해 보시면, 보시다시피 쉽습니다.

B 자세히 설명해 주셔서 감사합니다.

A 원, 천만에요. 말이 나온 김에 말씀드리면, 참그로 한국에서는 다랑어를 보통 날로 먹습니다.
이렇게 얇게 썰어서 초고추장에 찍어 먹습니다
마침 여기 좀 있습니다.

B 한 점 먹어 볼 수 있을까요?

A 물론입니다, 사모님.

Words & Phrases

slice raw fish 회를 치다
slice [slais] 얇게 베다, 썰다, 잘라내다, 얇게 썬 조각
full explanation 자세한 설명
incidentally [insidéntəli] 말이 나온 김에 덧붙여 말씀 드리자면
vinegar [vínigər] 식초, 초
hot bean paste 고추장

Situation 105

At a fish shop (6)

Acquire the taste for raw fish.

A   You were able to acquire the taste for raw fish, ma'am.

B   I've eaten many times with Korean women.

A   Ah, you have! How about Mr. Brown?
Has he already acquired the taste for it?

B   No, not yet. This will be his first time.

A   In that case, I'll let you take this tuna still wriggling here.

B   That will do.

A   Anything else, ma'am?

B   I'll take some other kind of fish like salmon and herring on my way here.

A   Very good, ma'am.

생선가게에서 (6)

회 맛을 익혔습니다.

A 용케 생선회 맛을 익히셨습니다, 부인.

B 한국 부인들하고 여러 번 먹어 봤거든요.

A 아, 그러셨군요. 브라운 씨께서는 어떠신가요?
이미 회 맛을 알고 계십니까?

B 아니오, 아직요. 이번이 그 분에겐 처음인 셈이죠.

A 그러시면 제가 여기서 아직 꿈틀거리는 이 다랑어를 가져 가시도록 해드리겠습니다.

B 그것이면 쓸만하겠어요.

A 그밖에 또 쓰실 것 없으십니까?

B 여기 온 김에 연어나 청어 같은 다른 생선도 가져가겠어요.

A 잘 알겠습니다, 사모님.

Words & Phrases

acquire the taste for …의 맛을 몸에 익히다
salmon [sǽmən] 연어, 연어고기, 연어살 빛
herring [hériŋ] 청어
on my way here 여기 온 김에, 여기 오는 길에
acquire [əkwáiər] 습관 등을 몸에 익히다, 지니게 하다, 지식·학문 등을 노력 하여 얻다

Situation 106   At a fish shop (7)

It still has scales.

A Like I just said, they were caught only this morning, ma'am.

B Would you mind removing the heads, fins and the entrails?

A Of course not. Just wait a moment. It won't take long. Here you are.

B It still has scales.

A Ah, my goodness! I'm sorry I forgot removing the scales in my hurry.

B I've brought something to put them in.

A It looks solid. I don't think it'll be fishy while driving and the blood will soil the bag.

B How much in all?

A 70,000won, ma'am.

생선가게에서 (7)

비늘은 아직 그대로 있군요

A 방금 말씀드린 것처럼, 오늘 아침 막 잡은 것들입니다.

B 머리와 지느러미 그리고 내장을 좀 제거해 주시겠습니까?

A 물론 해드리겠습니다. 잠시만 기다리세요.
금방 됩니다. 여기 있습니다.

B 비늘은 아직 그대로 있군요.

A 아, 내 정신 좀 봐! 서두르다보니 비늘 떼 내는 걸 잊었습니다. 미안합니다.

B 생선을 넣을 것을 가져왔습니다.

A 든든하게 보이는군요. 운행 중에 비린내도 안 나고, 피로 봉지를 더럽히지도 않겠습니다.

B 모두 얼마죠?

A 70,000원입니다, 사모님.

Words & Phrases

fin [fin] 물고기의 지느러미
entrails [éntreilz] 내장, 창자(bowels), 내부(inner parts)
scales [skeil] 비늘, 물 때, 비늘모양의 것   solid [sálid] 사이가 좋은, 친한
fishy [fíʃi] 비린내나는, 물고기의, 물고기 같은, 물고기가 많은
spoil [spɔil] 망치다, 상하게 하다, 못 쓰게 만들다, 음식물을 썩이다
blood [blʌd] 피, 혈액, 생혈, 수액

Situation 107 — At a furniture store (1)

I want to fit up our living room with furniture.

A Good afternoon, ma'am? Can I help you?

B Yes, I want to fit up our living room with furniture.

A Is yours a private house?

B Yes. I've moved into a newly built private house.

A I offer you my congratulations.

B Thank you. I was told that you were an old established furniture store.

A Yes, you have surely come to the right place.

가구점에서 (1)

거실에 가구를 들여놓고 싶습니다.

A 안녕하세요. 도와드릴까요?

B 네, 우리 집 거실에 가구를 들여놓고 싶습니다.

A 개인 주택인가요?

B 네, 새로 지은 개인 주택으로 이사했습니다.

A 축하드립니다.

B 고맙습니다. 오래 전부터 정평이 있는 가구점이라고 들었습니다.

A 네, 확실히 좋은 곳에 오셨습니다.

Words & Phrases

private house 아파트에 대하여 일반 집
newly built house 새로 신축한 가옥
offer [ɔ́ːfər] (기도를) 드리다, (제물을) 바치다
established furniture store 정평이 있는 가구점
the right place 틀림없는 곳, 아주 좋은 곳, 더할 나위 없는 곳

Situation 108

At a furniture store (2)

What would you suggest I put in there?

B   What furnishings would I need in our living room?

A   First of all you'll need a piece of wardrobe.

B   And I need a piece of chest of drawers.

A   How about this chest-on-chest?

B   I need it, too. And now, let's get on to the next room, which is the guest room.
What would you suggest I put in there?

A   Well, first of all. two pieces of sofa, arm-chairs, a couple of low tables, a couple of rockers, a tall lamp-stand and a piano if you can afford.

B   I think I need all of them.

가구점에서 (2)

거기엔 무엇을 갖다 놓으면 좋을까요?

B 저희 집 안방에 무슨 가구가 들어가야 될까요?
A 우선 양복장 한 점 있어야겠지요.
B 그리고 장롱 한 점도 필요하고요.
A 이 이중 장농은 어떠십니까?
B 그것도 있어야겠어요. 그리고 이번엔 다음 방에 대해 계속합시다. 응접실이에요.
거기엔 무엇을 갖다 놓으면 좋을까요?
A 저, 우선 소파 두 점과 안락의자 낮은 탁자 두 점, 흔들의자 두 개와 높은 전등 스탠드 그리고 여유가 있으면 피아노를 들여놓으십시오.
B 모두 다 필요하군요.

Words & Phrases

furnishings [fə́ːrniʃiŋ] 가구, 설비
a piece of wardrobe 한 점의 양복장[옷장]
a chest of drawers (침실 등의) 정리장
chest-on-chest [tʃéstɔːntʃést] 다리가 짧은 이층장
guest room 응접실   armchair [áːrmtʃɛ̀ər] 안락의자
rocker [rákər] 흔들의자, 흔들 목마, 흔들리는 것
afford [əfɔ́ːrd] 할 여유가 있다, …할 수 있다

Situation 109

At a furniture store (3)

I would recommend you to fit it up with simple furnishings.

B   Like I just said, We have a separate diningroom.
    As it's a rather small room, I have to keep the sizes of furniture down to a minimum.

A   In that case, I would recommend you to fit it up with simple furnishings.

B   I think this table over here is too large for our diningroom.
    I want something a lot more compact. Do you have any?

A   Yes, we do. Please come this way. I'll show you some.
    How about these ones over here.

B   They look very nice.

가구점에서 (3)

식당엔 간단한 가구로 하시도록 권하고 싶습니다.

B 방금 말씀드린 것처럼 저희는 식당이 따로 떨어져 있습니다.
   조금 작은 편이라서, 최소한도로 가구의 크기를 줄여야
   합니다.

A 그러시면 식당엔 간단한 가구로 하시도록 권하고 싶습니다.

B 여기 이 식탁은, 저희 식당엔 너무 커요.
   훨씬 아담한 것이 있어야겠는데요.

A 네, 있습니다. 이쪽으로 오시면 보여드리겠습니다.
   이쪽에 이것들은 어떻게 보이십니까?

B 참 좋아 보입니다.

Words & Phrases

separate diningroom 따로 떨어진 식당
rather [rǽðər] 약간, 다소, 좀, 상당히, 오히려
simple furnishings 간단한 가구
compact [kəmpǽkt] 집 등이 아담한, 치밀한, 촘촘한
to a minimum 최소한도로
minimum [nínəməm] 최소[최저] 한도, 최저액, 최소량, 극소

Situation 110

At a furniture store (4)

I want one that doesn't take up much room.

B   I need a sideboard to keep all the tableware.
I want one that doesn't take up much room.

A   Please come this way, ma'am.
I'll show you some that are very appealing and useful to say nothing of being practical and compact. I'm sure you'll like them.

B   What good sideboards these are!

A   I'm sure this will be praised by everyone.

B   I feel the same way.

가구점에서 (4)

장소를 많이 차지하지 않는 것이 필요합니다.

B 벽쪽에 식탁식기류를 넣을 식기대가 필요합니다.
   장소를 조금 차지하는 것이 있어야겠어요.

A 이쪽으로 와 보시죠, 사모님.
   실용적이고 아담한 것은 말할 것도 없거니와 대단히 보기 좋고 쓸모 있는 것들을 보여드리겠습니다.
   마음에 드실 겁니다.

B 참, 훌륭한 식기대군요!

A 틀림없이 다들 칭찬 할 겁니다.

B 같은 생각입니다.

Words & Phrases

sideboard [sáidbɔərd] 식당의 벽쪽에 비치된 식기대, 찬장
tableware [téiblwɛ̀ər] 식탁용 식기류
appealing [əpíːliŋ] 마음을 끄는, 매력적인, 애원적인, 사람의 마음에 호소하는
useful [júːsfəl] 유익한, 쓸모 있는, 유용한, 편리한, 실용적인
practical [præ̂ktikəl] 실용적인, 실제로 도움이 되는, 실지로 응용하는, 실천적인
compact [kəmpǽkt] 집 등이 아담한, 짜임새 있는
praise [preiz] 칭찬하다, 신을 찬미하다

Situation 111 — At a furniture store (5)

Thank you for giving me quality goods at a reasonable price.

B How much altogether?

A The living-room set costs 2,000,000won, the guest room set costs 1,000,000won and the dining room set costs 500,000won and it all comes to 3,500,000won, ma'am.

B Here you are. Please count up.

A Quite, ma'am. Thank you very much.
We'll deliver all your purchases as soon as possible.

B Thank you for giving me quality goods at a reasonable price.

A I offer you again my congratulations, ma'am.

B Thank you.

가구점에서 (5)

적당한 가격에 좋은 상품을 주셔서 감사합니다.

B 모두 얼마죠?

A 거실 셋트가 2백 만원에 응접실이 백 만원 그리고 식당용이 오십만 해서 모두 삼백 오십 만원입니다, 사모님.

B 여기 있습니다. 세어보세요.

A 맞습니다. 대단히 감사합니다. 사신 것들은 모두 될 수 있는 대로 속히 배달해 드리겠습니다.

B 적당한 가격에 좋은 상품을 주셔서 감사합니다.

A 사모님 다시 한번 축하드립니다.

B 고마워요.

Words & Phrases

altogether [ɔːltəgéðər] 다 합하여, 전체로서, 총계로, 전혀, 전연, 전적으로
purchases [pə́ːrtʃəs] 산 물건, 구입물, 수입액, 구매, 구입
quality goods 우량품
quality [kwáləti] 상질의, 훌륭한(excellent)
reasonable [ríːzənəbl] 적당한, 온당한, 과하지 않은, 합당한
altogether [ɔ̀ːltəgéðər] [문두에 두어 문 전체를 수식] 전체적으로 보아, 요컨대, 대체로

Situation 112 — At a stationery store (1)

I'm going to the stationery.

B My honey! What are you doing?

A I'm making a list of what I'm likely to want.
Is there anything you want?
I'm going to the stationery.

B I want an automatic sharpener of the latest model and a large-sized stapler if you can afford to buy.

A Is that all?

B I've left out something I want but it doesn't come to mind. It just occurred to me.

A What is it? Good thing it occurred to you.

B A fountain pen of the latest model.

문방구에서 (1)

문방구에 가려고 해요

B 여보, 뭐하고 있지요?

A 필요할 것 같은 물건을 적고 있어요.
당신 뭐 필요하신 것 있으세요?
문방구에 가려고 해요.

B 나는 최신형 연필깎이하고 돈이 되면 스테이플러 큰 것을 하나 사다주면 좋겠어요.

A 그것뿐이에요?

B 내가 필요한 무엇인가를 깜빡했는데 생각이 나지 않네요.
방금 생각났어요.

A 무언데요. 다행히도 생각이 나셨군요.

B 최신형 만년필이 있어야겠어요.

Words & Phrases

stationery [stéiʃənèri] [집합적] 문방구
leave out 잊다, 무시하다, 생략하다, 제외하다
come to mind 생각이 나다
of the latest model 최신형의

Situation 113

At a stationery store (2)

I want an artist's brush if you can afford it.

A Our young folks wanted me to buy many things like note-books, album, scrapbook, cellophane tape, letter paper and envelope slide rule, colored pencil and drawing paper.
That's about it.

B What do you need, honey!

A I need some onion skin paper, some index cards and some graph paper.

B I want an artist's brush if you can afford it.

A I'll get it.

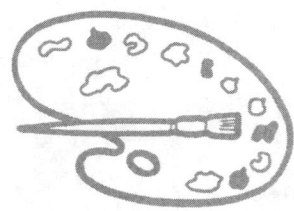

문방구에서 (2)

돈이 되면 화필 하나 사 오세요

A   우리 애들이 저 보고 공책, 앨범, 스크랩북, 셀로판테이프, 편지지, 봉투, 계산책, 색연필, 그리고 도화지 같은 많은 것들을 사다 달라고 했습니다.
대충 그렇습니다.

B   당신은 무엇이 필요죠, 여보.

A   저는 반투명지 하고 목록카드 그리고 그라드 용지가 있어야겠습니다.

B   당신 돈이 되면 화필 하나 사다 주세요.

A   사올께요.

Words & Phrases

scrapbook [skrǽpbuk] 스크랩북
cellophane [séləfèin] 셀로판
envelope [énvəlòup] 봉투, 싸개, 씌우개
slide rules [sláid ru:l] 계산자
drawing paper [drɔ́:iŋ peipər] 도화지, 제도용지
graph paper [grǽf peipər] 모눈종이, 그래프용지
artist's brush [ɑ́ərtists brʌʃ] 화필
afford [əfɔ́ərd] 돈·시간·힘 등의 여유가 있다

Situation 114   At a stationery store (3)

Here's a list of all items I want.

A Can I help you, ma'am?

B Yes, I'd like to buy some things I want.

A Would you please make a list of what you're likely to want?

B Here's a list of all items I want.

A You've already made it, haven't you?
   What an elaborate plan it is!
   Please wait just a moment while I collect all the items you need.

B Thank you I will.

A It all comes to 150,000won, ma'am.

B Here you are.

문방구에서 (3)

필요로 하는 물건의 리스트가 있습니다.

A 도와드릴까요, 사모님?

B 네, 필요한 것 몇 가지 사려구요.

A 필요할 만한 것들을 적어 보시죠.

B 여기 제가 필요로 하는 물건의 리스트가 있습니다.

A 벌써 만들어 오셨군요. 참 치밀한 계획이군요!
   필요하신 물건을 한데 모으는 동안[챙기는 동안] 잠시만 기다려주세요.

B 고마워요. 그러죠.

A 모두 합쳐서 150,000원입니다.

B 받으세요.

Words & Phrases

be likely to …할 것 같다, …함직하다
elaborate plan [ilǽbərət plæn] 공들인 계획
elaborate [ilǽbərət] 고심하며 만들어 낸, 공들인, 복잡한, 정교한
while I collect 내가 챙기는 동안

Situation 115 — At a stationery store (4)

What do you need the ink for?

A Good afternoon, sir. Can I help you?

B I'm looking for special kinds of ink.

A What do you need the ink for?
   Is it for a stamp pad?

B Yes, it's for a stamp pad and the other for my German fountain pen.

A Can I take a look at your fountain pen?
   Ah! this is a German fountain pen of the latest model.
   It so happens that we have the ink on hand.

B Ah! it must be my lucky today.

A Just for your information, you should use only the kind that is specified by the makers.

문방구에서 (4)

잉크를 어디에 쓰려구요?

A 안녕하세요. 도와드릴까요?

B 특별한 종류의 잉크를 찾고 있습니다.

A 어디에 쓰실 겁니까?
   스탬프 패드[인주]용인가요?

B 네, 한 가지는 스탬프패드 용이고, 다른 것은 제 독일제 만년필용입니다.

A 한번 볼 수 있습니까?
   아! 최신형 독일제 만년필이군요.
   마침 다행히 있습니다.

B 아아! 운수 좋은 날이군.

A 참고적으로 말씀드리는데 회사에서 특별히 만든 잉크를 쓰셔야 됩니다.

Words & Phrases

stamp pad 스탬프패드, 인주
of the latest model 최신형의
on hand 마침 가지고 있어, 바로 곁에, 출석해서
specify [spésəfai] 조건으로서 지정하다, 일일이 열거하다, 명기하다

Situation 116

At a stationery store (5)

I also want a writing brush.

A Anything else, sir.

B Yes. some paper clips, a box of staples.

A How about some letter paper with a smooth surface. It's the newest letter paper just put out.

B I'll take some. I also want a writing brush.

A These brushes are used by great calligrapher so I'm sure you'll find them satisfactory.

B This will do. Any brush will do so long as the hair is soft.

A You've made a lot of purchases.
We'll give you better price.
We can allow you 10% discount off the total.

B Thank you.

문방구에서 (5)

붓도 필요합니다.

A 그밖에 필요하신 것은 없으십니까?

B 있습니다. 종이 집게, U자못 한 상자가 필요합니다.

A 표면이 매끈매끈한 편지지는 어떻습니까?
방금 나온 신제품 편지지입니다.

B 좀 가져가겠습니다. 붓도 필요합니다.

A 이 붓들은 서예의 대가들이 쓰는 것이라 써보시면 만족하실 겁니다.

B 이것이면 되겠습니다. 털만 보드러우면 어느 붓이든 좋습니다.

A 물건을 많이 사셨습니다. 값을 잘해 드리겠습니다.
총액에서 10% 감해 드리겠습니다.

B 감사합니다.

Words & Phrases

carbon paper [káːrbən peipər] 가본지 《복사용》
staple [stéipl] 스테이플러 알, U자못
writing brush 붓
great calligrapher [greit kəlígrəfər] 대달필가, 대서예가, 서예의 대가
satisfactory [sæ̀tisfǽktəri] 만족스러운, 더할 나위 없는, 충분한, 성적이 보통의

> 판 권
> 본 사
> 소 유

상업 실무 영어

1999년 10월 15일 인쇄
1999년 10월 20일 발행

지은이 / 권 영 도
펴낸이 / 최 상 일
펴낸곳 / **太乙出版社**

기획편집 / 문 기 획

서울특별시 강남구 도곡동 959-19
등록 / 1973년 1월 10일(제4-10호)
• 잘못 만들어진 책은 잘된 책으로 바꾸어 드립니다.

• 값은 표지 뒷면에 표시되어 있습니다.

• 주문 및 연락처
우편번호 100-456
서울특별시 중구 신당6동 52-107(동아빌딩 내)
전 화 / (02)2237-5577 FAX / (02)2233-6166